U0113635

新悦

遇见智识与思想

[英] 菲利普·马特扎克 / 著

Philip Matyszak

古希腊人

戚 悦 / 译

THE GREEKS

在希腊大陆之外

中国社会科学出版社

图字：01-2018-7665号

图书在版编目（CIP）数据

古希腊人：在希腊大陆之外 / （英）菲利普·马特扎克著；
戚悦译. -- 北京：中国社会科学出版社，2019.9
　书名原文：The Greeks
　ISBN 978-7-5203-4375-6

　Ⅰ.①古… Ⅱ.①菲… ②戚… Ⅲ.①文化史－古希腊－通俗读物
Ⅳ.①K125-49

中国版本图书馆CIP数据核字（2019）第081908号

出 版 人	赵剑英
项目统筹	侯苗苗
责任编辑	侯苗苗　高雪雯
责任校对	韩天炜
责任印制	王　超

出　　版	中国社会科学出版社
社　　址	北京鼓楼西大街甲 158 号
邮　　编	100720
网　　址	http:// www.csspw.cn
发 行 部	010-84083685
门 市 部	010-84029450
经　　销	新华书店及其他书店

印刷装订	北京君升印刷有限公司
版　　次	2019 年 9 月第 1 版
印　　次	2019 年 9 月第 1 次印刷

开　　本	880×1230　1/32
印　　张	9.5
字　　数	172 千字
定　　价	79.00 元

献给我最好的朋友 T. R. 伊克尔

译 序

《古希腊人：在希腊大陆之外》的作者菲利普·马特扎克先生毕业于牛津大学，获罗马史专业博士学位，现为剑桥大学教授，主讲古代史课程，已出版著作二十余部，为英国著名历史学家。本书对古希腊、古希腊人以及古希腊文明进行了多角度的透视和分析，并以较为轻松的笔触叙述出来，是一部雅俗共赏而又极富特点的历史读物。全书行文流畅自如，幽默风趣，针对大大小小的历史事件给出准确的分析，既能从宏观上探讨背后隐藏的原因，又能从微观上把握举足轻重的细节，逻辑严密而又简洁清晰。因此，尽管相关领域的研究及著述并不少见，但这部图文并茂的"小书"仍以其厚重的学术功底、独树一帜的视角，成为一部不可多得的史学著作，值得一读。

马特扎克教授以其精到的研究提醒我们，古希腊文明主要是由希腊大陆以外的希腊人所创造的，而且希腊人生活的世界远比我们想象中的范围要广大。这不能不说是令人耳目一新的观点。作者深入浅出的写作方式显然是以深厚的学识和扎实的研究为基础的。例如在第一章中，写到希波战争时，有这样一段："我们能够了解马拉松战役、温泉关战役和萨拉米斯战役，清楚波斯军队对希腊大陆的入侵受到阻挡并最终被击退的细节，主要应该感谢希罗多德。但人们很少知道，严格来讲，希罗多德属于战败方。换言之，作为小亚细亚的哈利卡纳苏斯的一名公民，他也是波斯帝国的一位臣民。实际上，由于指挥了公元前480年的萨拉米斯战役，哈利卡纳苏斯女王阿尔特米西亚曾赢得了来自波斯万王之王[1]的高度赞扬。"这一叙述简洁明快，举重若轻，展现出大家风范。

应该说，即使是普通读者，也完全能够读懂这一段，但实际上，其中蕴含着许多非常专业的历史知识。大家每每提及希罗多德，都会说他是古希腊历史学家，这并没有错，他确实来自那个广袤的古希腊世界，但细究之下，在希波战争中，他应当是属于波斯一方的，因为他的出生地哈利卡纳苏斯是一个非常特殊的城邦。首先，当周围的城邦都反抗波斯帝国的统治时，哈利卡纳苏斯却对波斯帝国忠心耿耿，直到亚历山大在公元前334年将其攻陷为止。其次，在众多希腊城邦早已选择了贵族制、民主制、寡头制或僭主制的时候，哈利卡纳苏斯依然采用君主制，所以文中提到了哈利卡纳苏斯的女

---

[1] 万王之王：King of Kings，最初是居鲁士大帝的头衔之一，后来阿契美尼德王朝的所有统治者都采用了这个头衔。

王，而波斯万王之王则是波斯帝国君主的尊称，因为波斯帝国统治着数十个附属国，各国都有自己的国王，而波斯帝国的国王就是国王中的国王，即"万王之王"。

又如第四章写道："根据后来的地理学家斯特拉博的记载，正是在这一时期，塞琉古跟一位印度国王谈判，用自己掌握的一部分巴克特里亚土地换取了 500 头战象。也正是这些战象，帮助塞琉古在伊普苏斯战役中打败了'独眼龙'安提柯。"这一简短而有趣的叙述，包含了丰富的历史知识。印度河流域的居民最早开始驯象，既用于农业，也用于战争。亚历山大在与波斯帝国交战时，第一次见到战象，不由得极为震撼。而这里提到的塞琉古一世曾是亚历山大手下的将领，自然见识过战象的威力，因此才会甘愿以土地交换战象，并将其用在继业者战争中。同时，这一段还提到了"'独眼龙'安提柯"这个特殊的说法。古希腊和古罗马的许多国王和贵族都有绰号或称号，有些是他们自封的，有些则是民众或后人给起的，这在西方文化中很常见，如耶稣基督，"耶稣"是名字，而"基督"实际上便是称号。加之古希腊和古罗马的许多国王和贵族都有相同的名字，如塞琉古帝国的国王，总是叫塞琉古或者安条克，而托勒密王朝的国王又都叫托勒密，于是绰号或称号常常成为区分他们的重要标志，而且从中也能看出其各自的性格特点或主要功绩。如"猎鹰"安条克，因其本性贪婪而得名；"大帝"安条克，因其复兴塞琉古帝国而得名；"恋姊者"托勒密，因其与亲姐结婚而得名；"胜利者"塞琉古，因其在继业者战争中获胜并创建塞琉古帝国而得名。至于这一段中提到的"独眼龙"安提柯，则是因为他仅有一只眼睛，但失去另一只眼睛的原因现在已不得而知了。

马特扎克教授精通希腊语和拉丁语，能够从语言学角度出发，追溯许多现代词汇的历史文化根源。语言作为文化中极其重要的一部分，必定铭刻着历史文化的痕迹，但我们在使用时却常常浑然不觉。例如，古希腊天文学家观察到有些星星是持续移动的，而其他星星是静止不动的，于是便以"漫游者"（planetes）来命名这些移动的星星，也就是我们今天所说的"行星"（planets）。又如，古希腊哲学家提出，对事物不断地进行切割，最终总会剩下一个最基础的单位，因而名之曰"不可切割的"（atomus），即我们现在所熟知的"原子"（atoms）。这不仅仅是语言的演变，从中我们可以清楚看到古希腊科学的异常发达，实际上现代的许多医学术语，"不是拉丁语便是希腊语"。还有一些词语的来源则非常难以想象，了解其最初的含义，可能会令我们对当时的历史有更为深刻的理解。例如，"laconic"（简洁）一词，源于斯巴达人居住的拉科尼亚地区（Laconia），因为斯巴达人以惜字如金而闻名。这种言谈方式就像是下达军事指令，也从侧面反映了他们崇尚武力、不善文辞的民族特征，所以才会有列奥尼达率三百斯巴达勇士以少敌多、死守关隘的史诗流传千年。再如"lesbian"（女同性恋）一词，本意为"莱斯沃斯人"（Lesbian），源于古希腊女诗人萨福居住的莱斯沃斯岛（Lesbos），因为萨福常在诗中描写对同性的倾慕。而同性关系亲密的情况在古希腊一度颇为盛行，以至于现在"希腊之爱"这一表达"依然被用于描述同性恋"。由此可见，许多源于古希腊的现代词语都有着深刻的文化背景，本书也时常在相应的部分穿插对这些词语的分析，便于读者了解其中的文化内涵，并借此窥探古希腊的社会面貌。

正如马特扎克教授所言，这本书"内容所涵盖的时间长达两千多年，从黑海沿岸的史前希腊殖民地，到中世纪最后一座伟大的希腊城市——强盛的君士坦丁堡"。在此期间，这个庞大的希腊世界里爆发了无数次战争，该书对这些战争的处理详略得当，并把重点放在了对主要脉络的梳理，而非对战争过程的铺叙上，从而以一位历史学家的身份向读者揭示了看似混乱的局面中隐藏的线索。以伊苏斯战役为例，马特扎克教授并未详细介绍这场战役是如何爆发的、亚历山大是如何取胜的，而是探索了这场战役为何会爆发、亚历山大为何会取胜，站在历史的高度对整场战役作出了全新的描述，令人读后恍然大悟。

本书的翻译，可以说每一个字、每一句话均经过反复推敲、慎重衡量，力求准确无误，明白畅达。对书中相关历史知识则择要作了一些注释，以便于普通读者的阅读。可能由于原著出版方面的原因，原书中有一些小的错误或缺漏，如，"the Battle of Ipsus"，即伊普苏斯战役（发生于公元前 301 年），有几处误写为"the Battle of Issus"，即伊苏斯战役（发生于公元前 333 年），译文径予改正。再如在集中谈论公元前历史的部分，作者经常会省略 B.C.（公元前），但实际所指的年份都是公元前，译文中也已补全。又如《建筑十书》4.1.3 误作 6.1.3，《哥林多前书》1:22 误作 1:20，译文亦予改正。但由于笔者对这一段历史尤其是许多细节并不十分熟悉，翻译过程中难免会有这样那样的问题，注释亦未必确当，尚祈读者诸君不吝赐教。

戚悦

2018 年 10 月

写于清华园

目　录

大事年表

史前时期（均为大致日期）

公元前 7200 年　人类定居于希腊。（随着在伯罗奔尼撒半岛东北部的阿尔格里德发现中石器时代的墓地遗址，人类定居于希腊的最早证据出现了。）

公元前 7000—前 5500 年　村庄、原始贸易及定居岛屿（即航海）的开始。

公元前 5000—前 3000 年　"宫殿文明"时代的开始。第一批防御工事出现了。

公元前 3000 年　第一批青铜工具和武器被使用。青铜时代开始。

公元前 3000—前 2000 年　克里特岛的米诺斯时期的开始。

公元前 2000—前 1550 年　"赫拉斯文明时代中期"——陶器和农业发展，国际贸易路线初次建立。

公元前 1700—前 1500 年	米诺斯文明的衰落，克里特岛宫殿的毁灭。迈锡尼文明在希腊大陆的崛起。书写系统线性文字 B 产生。
公元前 1600—前 1200 年	所谓迈锡尼文明的英雄时代。
公元前 1200 年	特洛伊的陷落。
公元前 1200—前 1000 年	青铜时代文明的结束。"海上民族"洗劫位于黎凡特的城市，攻击埃及。希腊几乎所有主要的定居地都被烧毁。希腊的殖民扩张开始。

古风时代

约公元前 900 年	几何时代（得名于独特的花瓶图案）的开始。诸如阿尔戈斯和斯巴达等多利安城市建立起来。
约公元前 800 年	希腊人仿照腓尼基字母，开发出一种新的字母系统。荷马与赫西奥德的作品广为流传。德尔斐神谕得到确立。
公元前 776 年	奥林匹克竞技会的创始之年。
公元前 753 年	一般认为的罗马建立之年。
公元前 733—前 690 年	一般认为科林斯在西西里岛的锡拉库扎建立殖民地的时期。其他殖民地在意大利和地中海西部建立。大希腊的开始。

公元前 725 年	利兰丁战争，第一场把希腊几乎所有主要城邦都卷入其中的战争。
公元前 687 年	执政官职位变为由选举产生，这是雅典的主要行政职位。
约公元前685—前560 年	在黑海周围建立殖民地的主要时期。
公元前 668 年	来自墨伽拉的移民们建立拜占庭城。
公元前 660 年	斯巴达征服美塞尼亚。
约公元前 630 年	萨福在莱斯沃斯岛上出生。抒情诗的第一个黄金时代。
公元前 621 年	德拉古推行了希腊的第一部成文法典。由于惩罚太过严酷，以致"德拉古式惩罚"[1]一词进入语言中。这部法典后来被梭伦重写。
约公元前 571 年	毕达哥拉斯在萨摩斯岛上出生。

古典时代

公元前 546 年	波斯帝国的崛起。波斯人抵达地中海地区，俘获了吕底亚的克里萨斯王。
约公元前 520 年	雅典红彩陶器的发展。
公元前 508 年	雅典成为一个民主国家，采用克里斯提尼确立的制度。

---

[1] 德拉古式惩罚：Draconian punishments，指严酷的惩罚。

公元前 499 年	在雅典的支持下，爱奥尼亚城市反抗波斯。希波战争开始。
公元前 490 年	波斯人在马拉松平原战败。
约公元前 484 年	埃斯库罗斯成为一连串伟大的雅典剧作家中的第一个。
公元前 483 年	在雅典附近的拉瑞乌姆发现了巨大的银矿，这笔财富支撑了后来的雅典海军力量。
公元前 480 年	温泉关战役，列奥尼达与三百斯巴达勇士战败。
约公元前 480 年	迦太基人打算击垮锡拉库扎并控制西西里岛的企图失败。
公元前 479 年	米卡莱角战役和普拉塔亚战役解除了波斯入侵对希腊大陆的威胁。希波战争陷入停滞状态。
公元前 477 年	斯巴达没有兴趣再跟波斯人作战，雅典组建提洛同盟，开始压制其成员，形成一个以雅典为基础的帝国。
公元前 461 年	雅典和斯巴达在神圣战争中第一次发生冲突。这是三场战争中的第一场，那三场战争通常被称作伯罗奔尼撒战争。
约公元前 460 年	底比斯的品达写下他的抒情诗和颂词。
约公元前 450—前 420 年	雅典戏剧的黄金时代。索福克勒斯和欧里庇得斯的戏剧作品。

约公元前 440 年	希罗多德写下他对希波战争起源的"探究"。这部作品名为《历史》，是第一本现代意义上的史书。
约公元前 435 年	奥林匹亚的宙斯巨像建造完工，成为世界七大奇迹之一。
公元前 431 年	斯巴达及其盟友对雅典宣战，开始了第二次伯罗奔尼撒（阿希达穆斯）战争。
约公元前 429 年	帕特农神庙开始建造。伯里克利死于雅典瘟疫中。科斯岛的希波克拉底写下其著名的医学文本。
公元前 424 年	修昔底德在希腊北部担任指挥官时失败，因此遭到流放，于是开始撰写他的史诗级著作《伯罗奔尼撒战争史》。
公元前 421 年	《尼西亚斯合约》结束了阿希达穆斯战争。
公元前 415 年	雅典在试图征服西西里岛的过程中遇到了灾难性的溃败，数千人遭到杀害，其中包括 3 名雅典高级将领。
公元前 413 年	随着德凯利亚（爱奥尼亚）战争的开始，伯罗奔尼撒战争进入最后阶段。
公元前 411 年	阿里斯托芬创作了反战戏剧《利西翠姐》，这也许是他最著名的喜剧。
公元前 404 年	雅典终于被击败了，并且向斯巴达统帅吕山德投降。
公元前 399 年	苏格拉底的审判及死亡。

| 约公元前 384 年 | 柏拉图在雅典创建自己的学院，后来成为哲学思想的一个中心。（那栋建筑之前也存在，不过是一座体育馆。） |
| 公元前 371 年 | 斯巴达在留克特拉战败，开启了底比斯统治时期。 |

希腊化时代

公元前 359 年	腓力二世成为马其顿国王。
公元前 356 年	以弗所的阿尔忒弥斯神庙（古代世界的七大奇迹之一）被烧毁。亚历山大大帝出生。
约公元前 340 年	斯塔吉拉（位于希腊北部）的亚里士多德担任家庭老师，教导年轻的亚历山大。
公元前 338 年	底比斯在喀罗尼亚被腓力二世击败。底比斯被摧毁，腓力组建希腊联盟（科林斯同盟），旨在团结希腊，抵御波斯。
公元前 336 年	腓力二世遇刺身亡。亚历山大登基为王。
约公元前 335 年	亚里士多德在雅典创建吕克昂学院。
公元前 334—前 333 年	亚历山大入侵波斯帝国，在格拉尼克斯和伊苏斯取得胜利。
公元前 331 年	马其顿征服埃及，亚历山大里亚建成。波斯人在高加米拉遭遇了最终的失败。
约公元前 326 年	希腊军队在索格底亚那和印度征战。
公元前 323 年	亚历山大去世。

公元前 323—前 311 年	继业者战争，以亚历山大的帝国在其幸存将领之间分割而告终。
约公元前 320—前 311 年	米南德成为雅典新喜剧的代表人物。
公元前 310—前 307 年	斯多葛派哲学和伊壁鸠鲁派哲学创建，二者皆在雅典。
公元前 301 年	伊普苏斯战役把希腊世界分为马其顿、塞琉古和托勒密三个势力范围。
约公元前 300 年	欧几里得发表他的《几何原理》，成为此后两千年间的学校标准课本。
公元前 289 年	希腊医药之神埃斯库拉庇乌斯被安置在罗马的新庙中。
约公元前 283 年	伟大的亚历山大里亚图书馆开启大门。
公元前 280—前 275 年	伊庇鲁斯的皮洛士征服意大利的企图被罗马阻止了。
约公元前 280 年	七大奇迹中的另一个，太阳神巨像在罗德岛港口建成。
公元前 274—前 271 年	埃及和塞琉古帝国之间的第一次叙利亚战争。
约公元前 270 年	萨摩斯的阿利斯塔克推测出地球绕着太阳转。

公元前 260— 前 200 年	第二次至第五次叙利亚战争。这些埃及和塞琉古帝国之间的战争最终收获甚微，但是削弱了塞琉古帝国的实力，推动了它的最终崩塌。
约公元前 250 年	厄拉多塞计算出地球的周长（并且非常接近正确值）。
公元前 247 年	阿萨息斯一世建立帕提亚王朝，领导帕提亚摆脱塞琉古帝国的控制。古代世界七大奇迹的最后一个在亚历山大里亚建成，此即那座壮观的灯塔。
公元前 212 年	阿基米德去世，西方最后一座伟大的希腊城市锡拉库扎陷落。
约公元前 200 年	巴克特里亚摆脱塞琉古帝国的控制。一连串印度—希腊王国于其所在地崛起并覆灭。
公元前 200— 前 196 年	罗马入侵希腊，在库诺斯克法莱击败马其顿的腓力五世。希腊被宣布获得"自由"。
公元前 190 年	在马格尼西亚战役中，罗马击败塞琉古帝国的安条克三世。小亚细亚脱离塞琉古帝国的控制。
公元前 172— 前 168 年	罗马在第三次马其顿战争中征服马其顿。马其顿成为第一个被罗马吸纳的希腊化王国。
公元前 168 年	犹地亚的马加比家族开始反叛。
公元前 161 年	希腊哲学家因"腐蚀罗马美德"而被驱逐出罗马。
约公元前 150 年	复杂的安提基特拉机械被造出来，用以计算太阳和月亮的运动轨迹。

公元前 146 年	罗马洗劫科林斯，将希腊变为一个行省。
约公元前 141 年	帕提亚控制波西斯和丝绸之路。
约公元前 140 年	亲希腊运动在罗马兴起。
约公元前 128 年	安条克的亚历山大雕刻米罗的维纳斯[1]。
公元前 102—前 84 年	塞琉古帝国在内战中遭到严重破坏。
公元前 87—前 86 年	罗马人对雅典进行围攻和洗劫。
公元前 83 年	亚美尼亚的提格兰成为塞琉古帝国剩余部分的"保护者"。
公元前 63 年	庞培瓦解了塞琉古帝国的剩余部分，并建立叙利亚行省。
公元前 30 年	克娄巴特拉去世。埃及成为罗马的领地。

希腊与罗马

公元前 19 年	维吉尔完成《埃涅阿斯纪》，这是一部史诗，把希腊和罗马的起源神话结合在一起。
公元 55 年	耶拉波利斯的爱比克泰德出生。在尼禄的统治下，爱比克泰德是罗马最重要的斯多葛派哲学家。
公元 67 年	亲希腊皇帝尼禄参加奥林匹克竞技会。

[1] 米罗的维纳斯：Venus de Milo，即著名的断臂维纳斯。

约公元 70 年	《马可福音》写成（很可能是用希腊语，尽管这一点还有争议）。
公元 97 年	喀罗尼亚的普鲁塔克发表其《希腊罗马名人传》，把希腊和罗马过去的伟大人物的传记联系起来。
公元 124 年	哈德良完成雅典宙斯神庙的建造，此时距离这个项目开工已经过去了 640 年。
约公元 150—170 年	萨莫萨塔的琉善创作了一系列诙谐讽刺的作品。
公元 330 年	君士坦丁堡在拜占庭旧址上建成。
公元 391 年	塞拉皮雍因其为异教神庙而遭到摧毁，它是亚历山大里亚图书馆的核心。
公元 393 年	最后一场奥林匹克竞技会举办，之后便因其为异教节庆活动而遭到废止。
公元 395 年	罗马帝国永久地分裂成东部希腊地区和西部拉丁地区。
公元 476 年	拜占庭帝国成为希腊和罗马遗产的继承者。
公元 526 年	查士丁尼登基为帝。他企图重新征服西方，并且成功地短暂夺取了罗马，但瘟疫与饥荒削弱了他的帝国，再次征服的计划被放弃了。
公元 529 年	《查士丁尼法典》颁布，这是一部罗马法律的汇编本，成为欧洲多数现代法律系统的基础。
公元 532 年	圣索菲亚大教堂建成，这是自帕特农神庙以来最伟大的希腊宗教建筑。

约公元 610 年	拜占庭帝国不再使用拉丁语作为官方语言，彻底回归希腊语。
公元 612—690 年	穆斯林扩张，把叙利亚、巴勒斯坦、埃及和北非从拜占庭的控制下夺走。
公元 717 年	穆斯林对君士坦丁堡的围攻被击退。
约公元 1050 年	诺曼人征服拜占庭在意大利的领土。
公元 1071 年	拜占庭帝国在曼齐克特战败，小亚细亚的大部分土地都输给了土耳其人。
公元 1204 年	十字军攻击并洗劫了君士坦丁堡。
公元 1453 年	奥斯曼人夺取君士坦丁堡并摧毁拜占庭帝国。

图 1　早期希腊文明极大地吸收了更加古老而成熟的埃及文明。

引　言

　　古代的希腊世界极为广大，无论在时间上，还是在空间上，都远远超出了我们今天称之为"希腊"的范围。不少现代游客惊讶地发现，土耳其竟然留有希腊城市的遗迹；人们可能更为讶异的是，许多同样古老的希腊城市如今仍旧十分繁荣，比如意大利的那不勒斯（古称"奈阿波利斯"，意为"新城"）、法国的马赛（古称"马萨利亚"），只是它们已经改名换姓、另有所属了。尤为引人注目的是，阿富汗北部城市阿伊哈努姆（古称"奥克苏斯河畔的亚历山大里亚"），乃是由希腊统治者塞琉古一世在公元前275年前后所建立的，还有数十座这样的古希腊[1]城市，散落在中亚地区。

　　巅峰时期的希腊文明自希腊大陆向东西扩展，绵延一千多公里，叙利亚、埃及和巴比伦都曾经是希腊化王国。此外，高中生们学到的那些希腊名人，有许多并非生活在希腊当地，他们即便去过

---

[1]　古希腊：本书所谓古希腊是广义的，即相对于近现代希腊而言的古代希腊，并非局限于狭义上的古希腊时代（公元前1100—前146年）。——译者注（本书注释如无特别说明，均为译者注。）

图 2　希腊剧场都具备同样的建筑特点，上演同样的戏剧，尽管有些是空间狭窄的小场馆，如西班牙的这座剧场（左图）。
图 3　有些是能容千人的大场馆，如希腊特尔斐的这座剧场（右图）。

希腊，也只是逗留而已，其中包括希罗多德、萨福、欧几里得、毕达哥拉斯和阿基米德等人。

　　以希腊古典时代为主题的书籍有很多，但实际上，这一时期仅仅代表了古希腊人整个历史的一小部分而已，其余大部分反而都被忘记了，或者只有当其他时期以及其他地方的希腊人接触到不同的文化时，才会偶尔被提及。本书则正好相反，不以希腊大陆为重点，主要关注古代世界其他地方的希腊人，特别是我们今天称之为中东和中亚的地区，在希腊人的口中，这些地方都是他们的"家"。

　　本书讲述的是关于希腊以外的希腊人的故事，内容所涵盖的时间长达两千多年，从黑海沿岸的史前希腊殖民地，到中世纪最后一座伟大的希腊城市——强盛的君士坦丁堡。在此期间，我们会看到希腊力量在爱琴海的崛起、亚历山大大帝的征服，见证希腊化王国漫无目的地扩展，乃至形成一片广阔的统治区域，跟后来的罗马帝国一样庞大。本书还将进一步论证，罗马的征服并未改变小亚细亚和中东地区的大部分希腊文化，而且，在此后漫长的拜占庭

图4　饮酒用的浅杯上描绘着狄俄尼索斯节狂欢的情景，在古典时代早期的雅典，这是浅杯的经典样式。

帝国统治期间，希腊之根基更是得以复原如初了。

值得注意的是，古代世界的七大奇迹——吉萨大金字塔[1]、亚历山大里亚灯塔、巴比伦空中花园、罗德岛太阳神巨像、阿尔忒弥斯神庙、奥林匹亚宙斯巨像和哈利卡纳苏斯的摩索拉斯陵墓，它们要么是由希腊人所建造，要么是建造在后来由希腊人所统治的土地上。然而，在七大奇迹之中，真正位于希腊大陆的只有宙斯巨像。

这是一个更大的希腊世界，是一个神奇的地方，蕴含着惊人的思想能量、卓越的人文主义和绝妙的审美趣味。从颓废堕落的暴君、古怪反常的天才，到出类拔萃的艺术家，这个广袤的希腊世界对西方文明的发展产生了巨大的影响。本书将为读者展示，尽管我们并未察觉，但是时至今日，他们的影子依然环绕在我们周围，可以说无处不在。

接下来就是他们的故事。

---

[1] 吉萨大金字塔：即埃及胡夫金字塔，因位于埃及首都开罗西南的吉萨高地，故又称吉萨大金字塔。

图 5 希腊雕塑及后来的希腊化雕塑既写实又美观，二者巧妙结合，即便在今天都无法超越。

第一章

亚历山大之前的希腊人

在公元前 1200 年，古希腊成为自印度延伸至地中海西部的综合性文明的一部分。此可谓青铜时代的巅峰，商贸之路从不列颠一直深入到亚洲，埃及法老的陪葬品可能有美索不达米亚的花瓶、塞浦路斯的橄榄油、黎巴嫩的雪松，以及混合着威尔士矿山所产之锡的青铜器。这是赫梯人的时代，也是在克里特岛上跳牛的米诺斯人的时代，又是希腊迈锡尼宫殿文明的时代。他们的世界后来体现在有关赫拉克勒斯的传说中，记载在特洛伊战争和海伦的故事里。这是一个先进、复杂而繁荣的时代，却注定难逃厄运。

当灾难降临的时候，其规模之庞大，实在超乎想象，背后的原因也显得难以捉摸。在公元前 1050—前 1000 年之间的 50 年里，几乎每一座著名的古代城市都遭到了劫掠和毁灭。就连强大的埃及也不例外，尽管它拥有海洋和沙漠的天然屏障，却还是受到了"希斯克斯"（Hyskos，希腊语[1]，意为"海上民族"）的猛烈攻击，整个国家几乎陷入混乱的无政府状态。至于缺乏埃及那种天然屏障的赫梯文明和米诺斯文明，则干脆被毁灭殆尽，荡然无存了。贸易迅速崩溃，人口急剧减少，地中海西部的文明步入了长达 250 年的"黑暗时代"[2]。

---

[1] 希腊语：本书中作者所用希腊语均已转写为拉丁（罗马）字母。
[2] 黑暗时代：Dark Age，即古希腊黑暗时代（Greek Dark Ages），又名荷马时代（Homeric Age），指的是从公元前 1100 年前后迈锡尼宫殿文明覆灭至公元前 9 世纪希腊城邦出现的一段历史时期。

图6 这个古风时代
的花瓶上展示了一艘
荷马曾在《伊利亚特》
第二卷《船舶名录》
中描述过的"黑船"。

　　对于这次衰落的原因，当代学者有着诸多争论。有人提出，火
山喷发以及由此产生的气候变化是重要原因，尤其是锡拉岛（即今
圣托里尼岛）上的火山大爆发，将大约60平方公里的碎片喷入大
气层中，造成了严重的天气异常，同时期的古代中国对此曾做过记
载。还有人认为，蛮族入侵、瘟疫蔓延和经济的系统性崩溃是黑暗
时代的导火索。即便这些灾难没有直接导致这次衰落，它们也肯定
起到了推波助澜的作用。

　　希腊未能幸免，希腊的迈锡尼文明也在劫难逃。考古学家在希
腊挖掘的每一座古代城市都显露出可以追溯至这一时期的毁灭层。

在公元前 11 世纪的最后几十年间，这些城市见证了血腥的烧杀抢掠，大街上尸体横陈，无人掩埋，幸存者则躲入与世隔绝的山谷或者山顶的壁垒中。在接下来的数十年时间里，文学创作不复存在，曾经发达的贸易退回到本地村庄之间的物物交换。

希腊的人口构成也发生了变化。一个自称"赫拉克勒斯之子"的民族从巴尔干半岛南下，占据了伯罗奔尼撒半岛的大部分地区。在后来的希腊传统中，他们被认为是多利安人。自此以后，希腊人便将自己的身份划归不同的来源，或为最初的爱奥尼亚民族和阿卡迪亚民族，或为入侵的多利安人（尤其是斯巴达人，认定自己属于后一个群体）。

古希腊人相信，多利安人的侵入使得伯罗奔尼撒半岛的居民逃往国外，为此后数个世纪间希腊帝国的建立奠定了基础。但是，现代研究表明，当时的情况其实颇为复杂。首先，我们无法确定多利安人究竟是取代了伯罗奔尼撒人，还是跟伯罗奔尼撒人融为一体，抑或他们原本就是伯罗奔尼撒半岛的土著居民。其次，多利安人并非造成迈锡尼文明衰落的唯一原因。不过，在本书的研究中，原因不是重点，我们关注的主要是结果，而黑暗时代的来临以及当地文明衰落的结果，则是希腊文明传播到了地中海沿岸以及更远的地方。

当黑暗时代的迷雾开始消散，古风时代的希腊逐渐浮现时，世界上不仅有生活在希腊之外的希腊人，而且这些"异域"城市还充

图 7 "我看见男人们手持盾牌与投枪，我看见马儿们拉着槽形的战车。"剧作家埃斯库罗斯（公元前 525—前 456 年）在其剧作《乞援人》中描绘的场景跟这个花瓶上的图案一模一样。

当了引领希腊文化和思想迈入新纪元的火炬手。对于古代人来说，"希腊"包括小亚细亚的部分地区、爱琴海的岛屿、西西里岛和意大利南部的大多数地区。希腊世界的主要部分是"赫拉斯"[1]，包括希腊本身以及爱奥尼亚，即位于爱琴海岛屿和小亚细亚海岸上的希腊城市，此外还包括大希腊，也就是西西里岛和意大利南部地区。当时共有数百个这样的殖民地，单是米利都一座城市就建立了三十个殖民地。从伊比利亚半岛南部的迈尼斯到今天格鲁吉亚黑海岸边的法希斯，希腊的殖民地沿着海岸线星罗棋布，犹如"镶嵌在蛮族

---

[1]　赫拉斯：Hellas，希腊语，意为"希腊"，这里指古希腊人所说的希腊。

斗篷上的希腊花边"（见西塞罗《论共和国》，2.9）。

这些城市不仅沐浴在统一的希腊文化下，而且还有许多其他共同点。首要的一点是，几乎所有城市都建在海岸线上或者海岸附近。这些希腊城市环绕着地中海，正如哲学家柏拉图的名言，"就像青蛙环绕着池塘"（见《裴多篇》，109b）。从小亚细亚的哈利卡纳苏斯，到西西里岛的锡拉库扎，这种殖民模式几乎如出一辙：希腊人先开发并巩固一处临近海岸的岛屿，以此为基地，与对面的大陆进行商业贸易和往来，随着相互熟悉，当地人逐渐放松戒备，希腊人便趁机迁移上岸，建立他们的殖民地，原本作为基地的岛屿则变成了一个应急的避难所。

这种殖民技巧对于早期殖民者来说至关重要。以加尔西顿为例，它被后来的希腊人称为"盲人之城"，因为加尔西顿的创立者们竟然没有发现，在博斯普鲁斯海峡的对面本有一个独具魅力的地方，那便是未来的君士坦丁堡。然而，加尔西顿的得天独厚之处，在于它拥有卡德柯伊半岛作为"近海基地"，而位于欧洲那边的未来殖民地却缺乏这一条件。

大多数殖民地城市都对殖民者及其城市有着情感上的依赖（加尔西顿的建立者是来自迈加拉的希腊人）。这种精神上的密切联系，加之物质上的商贸往来，极大地促进了新殖民地的繁荣，来自内陆的货物通过海上贸易船队得到了广泛交换。雅典人向腓尼基出口花

图 8　赫拉克勒斯的石灰岩雕像，出自古风时代的塞浦路斯。从人物的姿态及身上的裙子可以看出埃及对希腊世界的影响。

瓶，换取那里著名的紫色染料，而腓尼基人则把花瓶再出口到埃及，换取谷物和纸莎草。安纳托利亚的城市从中国进口丝绸，从波斯买来拖鞋，在雷吉乌姆换成意大利的蜡、奶酪和奴隶。在跟西西里岛的希腊人争斗期间，迦太基人用象牙换取塞浦路斯的锡或伊特鲁里亚的铜。

通过这样的贸易，科林斯等城市迅速繁荣起来。实际上，科林斯的崛起大大得益于其地理位置，它位于伯罗奔尼撒地峡的最窄处，为交通要道，因此常被称作"富庶的科林斯"，就像意大利的锡巴里斯，因其生活方式太过奢侈，以至于到了今天，"锡巴里提克"一词仍是描述自我放纵和堕落的同义语。

在希腊世界里，随着内陆货物的频繁运出和流通，不同的文化、观念、宗教和哲学也异彩纷呈、争奇斗艳。正是这种交流与互动，引发了公元前 5 世纪的思想革命，催生了塑造现代世界的思维方式。

思想的帝国

考察希腊古典时代早期各种思想的大爆发，我们可以发现，希腊人的许多东西其实都不是原创的。闪米特人（腓尼基人和犹太人）的影响明显而清晰，巴比伦人的早期成果也是其重要基础。颇

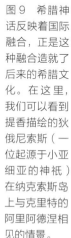

图 9　希腊神话反映着国际融合，正是这种融合造就了后来的希腊文化。在这里，我们可以看到提香描绘的狄俄尼索斯（一位起源于小亚细亚的神祇）在纳克索斯岛上与克里特的阿里阿德涅相见的情景。

受争议的"黑色雅典娜"[1]假说甚至声称，希腊哲学大部分都源自经由埃及传入的非洲思想。尽管这一观点受到了学术界的批判，但是至少有一点越来越令人信服，那就是希腊的字母体系是在埃及由闪米特语发展而来的。语言学家们注意到，"字母"（alphabet）一词来源于闪米特语的"公牛"（aelph）和"房子"（beth）。（Beth

---

[1]　黑色雅典娜：Black Athena，一种关于古希腊文明起源的观点，最早由英国学者马丁·博纳尔（Martin Bernal，1937—2013）在其著作《黑色雅典娜——古典文明的亚非源头》（*Black Athena: The Afroasiatic Roots of Classical Civilization*）中提出，在该书中，他主要讨论了古希腊与亚洲和非洲的关系，认为古埃及人和古腓尼基人曾将古希腊变成他们的殖民地，并对古希腊文明产生了影响。

lehem[1]，字面意思是"面包房"。）

　　不过，埃及早期的书写形式，诸如"圣书体"等，都主要依靠象形文字，而希腊人则更进一步，使用符号来重现口头语言的发音。比如，埃及人用图画来表示一只猫，而希腊人则用符号来代表"猫"这个词的发音。字母体系的例子告诉我们，希腊人并非盲目接受外来观点，而是加以分析并改善，把许多来自其他文化的想法和概念跟自己观察到的东西结合在一起，结果便产生了一个综合体（synthesis，原即希腊词语和概念），这就是独特的希腊人。

　　同样，我们也可以从古典时代希腊诸神的身世故事中追溯其源头。宙斯来自克里特，阿佛洛狄忒来自塞浦路斯，狄俄尼索斯和女巫的守护女神赫卡忒来自安纳托利亚。赫拉克勒斯最早的传说并非来自希腊，而是来自埃及。不过，一旦为希腊人所吸收，这些神就从根本上发生了变化，变得符合希腊的宗教观点了。

　　在希腊神话中，奥林匹亚诸神战胜前代神祇而统治了世界，他们之间有过一场名副其实的大战（宙斯及其前任都属于一个体型

---

[1] Beth lehem：伯利恒，巴勒斯坦中部城市，乃耶稣的出生地，每年有数百万基督徒前去朝圣。在西方国家，尤其是基督教国家，人们都对伯利恒非常熟悉，所以作者在这里以此为例，说明"伯利恒"的英语词根也是闪米特语的"房子"（beth）。

庞大的种族，名为"泰坦"[1]）。这场战争可能反映了异域之神替代本土之神的激烈争斗，因为后者在希腊人心目中曾经有着尊崇的地位。

诸神更替带来了崭新的宗教观念和思维方式。在以前的信仰体系中，世界的运行是由诸神直接推动的。比如，谷物之所以生长，是因为女神得墨忒耳[2]想让它生长。就是这样，仅此而已，因为诸神的意志基本上是不可知的。然而，古风时代和古典时代的希腊思想则把诸神视为各种力量。宙斯[3]代表秩序的力量，阿佛洛狄忒[4]代表爱的力量，得墨忒耳代表让田地丰饶多产的力量，等等。一旦把世界的运转看作一系列力量的相互作用，就有可能把宇宙当成一架机器。幸运的是，希腊人并不教条，没有那种神职人员认为无可争议且不容挑战的宗教上的信条，也没有异教的概念。虽然希腊人严禁亵渎神明和圣物的行为，但那只是因为他们相信，受到冒犯的诸神一旦实施报复，便会不计后果、不顾一切。

因此，只要不妨碍社会对于诸神的崇拜，普通的希腊人无论

[1] 泰坦：Titans，古希腊神话中的一个神族，最初的泰坦是大地之母盖亚（Gaia）和天空之父乌拉诺斯（Uranus）所生的十二个孩子，其中有一个孩子名为克罗诺斯（Cronus），他推翻了乌拉诺斯的统治，后来却又被自己的儿子宙斯（Zeus）夺去王位。
[2] 得墨忒耳：Demeter，古希腊神话中的一个女神，掌管谷物、农业与丰收。
[3] 宙斯：Zeus，古希腊神话中的第三代众神之王，掌管天空、雷霆与秩序。
[4] 阿佛洛狄忒：Aphrodite，古希腊神话中的一个女神，掌管爱、美丽与生殖。

图 10　古风时代雅典的大理石墓碑。底座上刻着"献给亲爱的麦（嘎克利斯），在他去世以后，他的父亲和他亲爱的母亲将此竖立起来，作为一个纪念碑。"

愿意相信什么都是可以的。一旦希腊哲学家开始相信世界是一架机器，他们自然就会迎接挑战，探索这个机器是如何运转的，而希腊的宗教思想在意识形态上也并不反对这样的探寻。

于是，希腊人形成了经验主义的概念，一个亲自观察并将由此获得的知识进一步合理化的过程。这正是现代科学研究过程的基础。尽管以现代思维而言，这样的概念似乎显而易见，但在古代世界，这却代表了一种重大的认知突破，这种突破直接促成了生物学、数学、物理学和化学等现代科学的诞生。

现代哲学主要关注自我以及自我的伦理道德，而第一批"爱智之人"（此乃"哲学家"的真正含义）却为自己划定了一个更加广阔的范围，提出了曾经留给祭司回答的问题。"世间万物来自何处？""它们是由什么组成的？""大自然可以用过程来加以描述吗？"

其中有些答案显然是不对的。希腊天文学家通过观察地球在月亮上的影子，理解了地球是圆的，并且由此很快意识到月亮是绕着地球转的。然后，他们却跳到了一个莫名其妙的结论上，那就是宇宙的剩余部分也是绕着地球转的，并且生发出一个十分详尽却完全错误的宇宙论，不过这个宇宙论倒是解释了所有观察到的现象。其内容包括，有些星星在星座周围移动，而其他星星都是静止不动的。这些移动的星星就是行星（planets），其源是希腊语"planetes"，意为"漫游者"。

这样，希腊思想便消除了许多事情上的迷信，诸如日食、月食等，都变得可以理解、可以预测了。例如，希腊政治家伯里克利便曾经对一位海员解释过有关原理，他把自己的斗篷举到海员和太阳之间，耐心地解说，日食、月食就像这样，只是规模更大、距离更远而已。

在女神盖亚掌管的大地上，第一张元素表只列出了土、气、水、火，早期的希腊人即认为所有事物都是由这些元素组成的，只是数量或多或少。在公元前5世纪，哲学家德谟克利特和留基伯得出结论，认为所有事物都有一个单一的构成单位，如果把物体切成两半，再切成两半，如此反复，最终剩下的部分就是那个作为基础的不可切割的单位，在希腊语中称为"atomus"，意即"不可切割的"。留基伯提出，物质世界就由这些"原子"（atoms）构成，每天与我们产生相互作用的各种物体，就是它们以几乎无限的组合方式组成的。

此后500年间，上述探究过程在科学的各个领域都得以稳步发展。至希腊化时代末期，哲学已经以非凡的精准度确定了许多事情，比如地球的大小以及地球到月亮的距离。在数学上，希腊人确定了如何用杠杆移动物体（阿基米德说："给我一个支点，我就能撬动地球"），确定了几何学原理以及如何建造可行的蒸汽机（汽转球）。

　　这是一个进步和创造的时期，只是随着罗马帝国的攻入才放缓了速度，而至罗马帝国覆灭之际，这个过程便几乎完全停止了。此后千年，哲学和宗教只剩下陈旧腐朽的观点，当文艺复兴和后来的启蒙运动开始构筑现代的欧洲时，伟大的思想家们基本上都是从希腊哲学家中断的地方重新起步，继续探索。

希腊以外的希腊人

　　早期的希腊哲学有个极为有趣的特点，那就是多半都产生在远离希腊大陆的地方。第一批哲学家来自米利都，这座城市临近安纳托利亚的海岸，位于一条河流的河口，这条蜿蜒曲折的河流名为"敏德尔"（Meander），由此向世界贡献了"曲流"（meander）一词。稍后，来自萨摩斯岛附近的哲学家得出结论，认为宇宙在数学上是协调一致的（2 加 2 始终等于 4），人类也理应把自己的生活带入同样和谐的平衡中。至于以弗所哲学学派，顾名思义，正是起源于以弗所，那实际上是一座位于小亚细亚大陆海岸上的城市。

　　希腊哲学的其他主要分支也都不在希腊，而在意大利南部。埃利亚学派（埃利亚即今韦利亚，位于萨莱诺省）产生了芝诺及其著名的悖论和归谬法原则，归谬法提出，接受一个虚假的原理或者反驳一个真实的原埋，最终都会导致站不住脚的结论。其他西方哲学家则集中在西西里岛的阿格里真托（多元论派）和位于意大利西南海岸上的克罗托内。

后来有几位苏格拉底以前的哲学家（这些早期哲学家都被这样称呼）来自色雷斯，那是黑海周围的蛮荒之地，希腊人也是在黑暗时代之后方且殖民于此的。这些哲学家包括诡辩派（他们相信现实是主观的，任何基于这种前提的现代论证都会被称作"诡辩法"，即源于此）和前文曾提及的原子论者留基伯。

他们之中最著名的当数毕达哥拉斯，他所证明的定理"直角三角形斜边的平方等于另外两边的平方之和"，至今依然被小学生们费力背诵着。颇为有趣的是，毕达哥拉斯仅仅短暂地拜访过希腊大陆，其一生大部分时间都在爱奥尼亚度过，尤其是在萨摩斯，后来他搬到了意大利南部。

对主流希腊文化贡献很多，而在希腊大陆却待得不多的人，不只有哲学家，还有颇富传奇色彩的荷马，他的诗篇在塑造古典思想和宗教观念等方面功不可没。即便在今天，当我们"指导"（mentor）或"威吓"（hector）某人时，我们都是在重新扮演荷马的《伊利亚特》中的那些角色[1]，而特洛伊木马和阿喀琉斯之踵在现代文化中的地位，更是几乎与它们在希腊文化中的地位一样重要。

---

[1] 角色："mentor"和"hector"两个词语源自《伊利亚特》中的角色门托耳（Mentor）和赫克托耳（Hector）。

　　荷马的身世颇受争议，一些现代学者觉得"荷马"可能不只是一个人。不过，几乎没有什么古代资料可以证明《伊利亚特》和《奥德赛》的作者来自希腊大陆。实际上，尽管荷马式诗篇《阿波罗颂歌》现在被认为不是由荷马本人所写，但它仍是最权威的资料，其中有这样的片段：

　　　　如果有陌生人问："少女们，哪位来到这里的歌者给你们带来了最大的欢乐？"你们必须用柔美的声音一起回答："一位盲眼诗人，他来自岩石包围的希俄斯岛。"（3，165—170 行）

　　如果荷马来自希俄斯岛，另一位诗人则来自附近的莱斯沃斯岛，那是一名女性，由于她的诗歌描写同性之爱，因此那些跟她拥有相同性取向的人便被定义为"莱斯沃斯人"[1]，她就是萨福，古代世界最伟大的抒情诗人之一。["抒情诗"（Lyric）原本应当在七弦竖琴（Lyre）的伴奏下唱出来。]萨福的人生轨迹跟毕达哥拉斯很相似，也是始于爱奥尼亚，终于意大利南部，但无法确定她中途是否曾在希腊大陆逗留。

　　希腊人在"探究"事件的观念上，比前人走得更远。他们深入

---

[1] 莱斯沃斯人：lesbian，这个词在今天的英语中指"女同性恋"。

图 11　公元前 3 世纪的一尊小型娃娃雕像，出土于斯巴达在意大利的殖民地塔伦特姆。这尊女性雕像身体全裸，只戴着一条装饰性的头巾。

分析过去发生了什么，并且寻找推动重大进展的根本原因。表示这种"探究"的希腊词语是"希斯多瑞亚"[1]。以前也曾有过写下来的"希斯多瑞亚"，但那都是简单的编年史，只是偶尔声明某件事情的发生是由于某位神灵的旨意，缺乏对相关事件何以发生的进一步分析。

第一部真正的史书便是一个来自希腊以外的希腊人撰写的，诸神在其中所扮演的角色微乎其微，那便是哈利卡纳苏斯的希罗多德

---

[1]　希斯多瑞亚：Historia，希腊语，意为"历史"。

对希波战争原因的探究。我们能够了解马拉松战役、温泉关战役和萨拉米斯战役，清楚波斯军队对希腊大陆的入侵受到阻挡并最终被击退的细节，主要应该感谢希罗多德。但人们很少知道，严格来讲，希罗多德属于战败方。换言之，作为小亚细亚的哈利卡纳苏斯的一名公民，他也是波斯帝国的一位臣民。实际上，由于指挥了公元前480年的萨拉米斯战役，哈利卡纳苏斯女王阿尔特米西亚曾赢得了来自波斯万王之王的高度赞扬。

因其对希波战争的记叙，希罗多德被公正地称为"历史之父"。不过，他的《历史》一书中有些属于旅行见闻，有些则是他在旅行途中从各地零散收集的奇闻逸事。希罗多德所属的城市是波斯帝国的一部分，所以他能够在中东地区四处旅行，甚至他对印度的叙述还是西方有关印度的最早记录。他很可能去过埃及，并在那里搜罗了丰富的逸闻趣事，其中包括一个希腊人穿越撒哈拉沙漠抵达尼日尔河畔的故事（希罗多德把尼日尔河当成了尼罗河，他以为是尼罗河向西来了个急转弯）。

希罗多德还记述了一位腓尼基船长环绕非洲航行的经历，他带着怀疑的口气说："这些人讲述了一件连我自己都不相信的事情……那就是当他们沿着向西的航线绕过非洲最南端时，太阳却跑到了他们右边，也就是北边。"（希罗多德《历史》，4.42）然而如今，任何一个住在开普敦的居民都可以做证，那确实就是太阳的位置。

最后，我们必须充满敬意地提到一位晚期的希腊人，那就是发明家兼数学家阿基米德。他高喊着"尤里卡"（eureka，希腊语，意为"有了！"）跳出浴缸的那个时刻，可以说无人不晓。他去过埃及，但其一生的大部分时间都是在故乡西西里岛度过的。我们从未找到过他踏足希腊大陆的记载。阿基米德生活在上述其他人之后的许多年，在公元前212年罗马攻陷锡拉库扎后被杀害，不过他的人生足以证明，希腊的创造才华在这个时期依然没有减弱。而且跟其他许多人一样，阿基米德也被认为是典型的希腊人，尽管他跟希腊大陆

图12 这个柏勒洛丰屠杀客迈拉的赤土陶器发现于小亚细亚，表明希腊人在长达数个世纪期间始终跟这一地区保持联系，对于他们而言，波斯人才是擅闯的入侵者。

本身几乎毫无联系。

希腊文明的大多数形式都在希腊大陆之外得以繁荣，只有戏剧创作是个特例。雅典的戏剧创作水平可以说是最高的，其他任何城市都无法与之比拟。时至今日，索福克勒斯、埃斯库罗斯、欧里庇得斯、米南德、阿里斯托芬等人的戏剧仍在上演。

实际上，在波斯帝国企图同化希腊大陆失败以后，紧接着便迎来了一个希腊文化的黄金时期——伯里克利时代。这一时期的名字源于当时的雅典领袖伯里克利。不过，尽管伯里克利是雅典公认的领袖，但他并没有官职。那时，雅典正在试行一种极端的民主政治，在这种民主政治下，仅有的少数官员只在为人民集会准备日程时才充当管理角色，他们都是选举产生或抽签决定的。因此，从理论上来讲，一位鞋匠跟伯里克利在集会上拥有同等发言权。（但这主要是一个民主理想，实际上，大家还是尊敬有钱人和贵族，也就意味着雅典的领袖更有可能是伯里克利这样的人——既是有钱人，又是贵族。）

以民主方式来管理国家的观念受到希腊各地许多人的批评，到了后来的专制时代，这样的批评也随之更多了。对这种政体的怀疑以及后世历史学家们的各种批评，如今都体现在"民主政治"（democracy）一词中，这个词具有类似"暴民统治"的贬义，其词根"kratos"描述的是武力行为或暴力行为。值得注意的是，他们偏偏使用了这个词，而不是更加友好的表达，比如"demarchy"，其意便是"由人民统治"。

民主政治并非雅典人的发明。实际上，在古风时代的斯巴达就存在着一种较为原始的民主政治。不过，在把权力交给作为整体的"人民"这一方面，雅典人走得比任何人都远。（这里所谓"人民"指的是声誉良好的雅典男性公民。只有喜欢讽刺挖苦的剧作家，比如愤世嫉俗的阿里斯托芬，才会提出诸如"女议员"这样愚蠢的说法。）

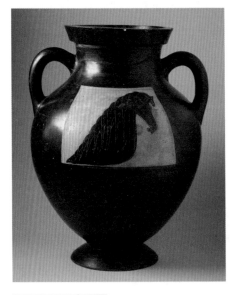

图 13 诸如腓力普斯[1]和希波克拉底[2]等名字显示了马在希腊早期社会中的重要性，正如这个古风时代花瓶上的骏马图案一样。

[1] 腓力普斯：Philippos，希腊名字，意为"对马的热爱"。
[2] 希波克拉底：Hippocrates，希腊名字，意为"马的力量"。

尽管如此，雅典的民主政治还是取得了重要的成就。诚然，它不是现代欧洲民主政治的根源，后者是从盎格鲁—撒克逊的名为"穆特"（moot，古英语，意为集会）的部落集会发展而来的。而且，自由的民主政治只在一小部分希腊城市得以实施，也仅仅持续了相对比较短暂的一段时期。在后来的希腊化时代，民主政治只被允许作为某些地方政府的一个选择，还要以整体的君主统治为前提。但是，希腊的民主政治还是应当得到赞扬，尤其是它影响了罗马共和国的政府，后者也实施了自己（限制性的）民主政治。而罗马的民主政治又影响了美国的开国元勋们，比如，美国有参议院[1]，即源于此。

伯罗奔尼撒战争和马其顿的崛起

曾几何时，雅典的黄金时代并不是那么光彩，其实，它基本建立于背叛之上。此前，希腊人团结一致，在斯巴达人的领导之下，抵抗波斯的入侵。然而，波斯征战的直接威胁被消除以后，内向的斯巴达人便放弃了希腊同盟军的领导权，而这个领导权很快落到了雅典人手中。当初是由各独立城邦贡献士兵与船只，用来构筑希腊

---

[1]　参议院：Senate，原本是指古罗马的元老院。

的共同防线，如今则变成他们向雅典人支付金钱，由雅典人负责调配军事力量。

渐渐地，这种"出资"演变为"进贡"，并且每年不断增长，由雅典军队强行征收。那些原本以为自己是雅典盟友的城邦实则变成了雅典的臣民，为了组建军队而对抗波斯的金钱竟被用来铸造雅典的光辉。曾经自愿加入联盟以保卫家园、抵抗波斯的人们，突然发现自己正极不情愿地为雅典的建设做着贡献。雅典人甚至得寸进尺，厚颜无耻地将这些受他们控制的城邦统称为"雅典帝国"。

雅典的崛起引起了斯巴达的不安，斯巴达的盟友们也对欲壑难填的雅典及其扩张主义感到担忧，他们强烈要求，必须对这个不断增长的势力做点儿什么。在其他希腊人眼中，雅典绝非鼓舞人心的存在，而是一个直接的威胁。这样，雅典帝国和斯巴达领导的伯罗奔尼撒联盟之间的战争持续了将近 30 年，从色雷斯到西西里岛，几乎整个希腊世界都被卷入其中。最后，雅典战败了，海军遭到毁灭，经济也彻底崩溃。同时代的历史学家修昔底德对这场战争有过权威的叙述，据其记载，斯巴达在战争后半段受到过波斯的帮助，正是波斯运来的大批金银块资助了斯巴达，支持其舰队最终摧毁了雅典的海上力量。

尽管战后的雅典很快就摆脱了斯巴达强加的寡头政治，但是这座城市再也没有重获战前的生机和繁荣。早在这场战争之前，波斯人便对英勇善战的希腊重装步兵尊敬有加，后者曾不止一次地击败过波斯军队。而和平的恢复则使得希腊人有机会成为波斯人的雇佣兵了，许多希腊人也正是这么做的，他们在色雷斯和埃及等不同地区为波斯主人效力。有一个名为居鲁士的篡位者，企图从其兄长手中夺取波斯王位，他为此招揽了一万名希腊勇士，这大概是最著名的希腊雇佣军了。

公元前 401 年，在激烈的库纳克萨战役中，希腊人轻而易举地击败了他们的敌人。然而，居鲁士却在战斗中被杀，他的叛乱也随即瓦解，剩下一万名希腊人滞留在了对他们怀有敌意的国家里。这个国家在巴比伦的北边，位于今天的伊拉克境内。这一万人一路浴血奋战回到黑海岸边，又从那里重返希腊，这个悲壮的故事堪称军事史上的一大史诗。那支军队的首领之一色诺芬留下了著名的《万人远征记》，使当年的经历得以保存至今。这篇"远征记"暗含着一个意思，既希腊军队在面对数量上占优势的波斯敌人时依然不落下风，而这份文本在马其顿得到了最为详尽的研究。

直到公元前 4 世纪中叶，南边的希腊人一直都怀疑北边那个巨大的半封建王国是否算正宗的希腊国家。当然，那个国家作为一道屏障，可以抵御北方蛮族入侵，还是很有用的。但是，南边的希腊人大部分都不再有国王，而是将"波利斯"（polis，希腊语，意为"城邦"）视为标准的政府单元。对他们而言，马其顿的方言、习俗和政体似乎都很陌生，因此他们只是勉强允许马其顿的国王们参加诸如奥林匹亚竞技会等泛希腊竞技会（与之相比，诸如锡拉库扎等地的人们参加这样的竞技会，反而会受到理所当然的欢迎）。

至公元前 359 年，腓力二世成为马其顿国王之时，情况发生了改变。腓力二世曾作为人质，在底比斯度过了他的青年时期，当时的底比斯可能是希腊首屈一指的城邦。他十分积极地学习了底比斯的军事优点，等到重返马其顿，登上王位以后，他便立即把自己所学的知识运用到本国军队的建设上。他创造的马其顿方阵成为此后两个世纪中希腊军事力量的利器，直到它终于为罗马军团所摧毁。腓力紧跟当时的希腊潮流，为自己的方阵步兵配备了一种名为"萨里沙"[1]的长矛，其长度可使处于方阵第二、三排的士兵直接参与战斗，形成一堵对抗敌人的"矛墙"，在正面战斗中几乎无往而不胜。

在腓力掌权的时候，马其顿正处于比较混乱的状态之中。国内有竞争王位的对手，国外有强大的蛮族同盟，都对他虎视眈眈。（实际上，腓力最初只是摄政王，辅佐死去的哥哥留下的幼子，但是他很快就把王位抢到了自己手中。）腓力恩威并用，击退了蛮族入侵者，接着把精力转向希腊北边。他征服了安菲波利斯和革连尼德两个城市以及附近的土地，并把后一座城市重新命名为"腓立比"，

---

[1] 萨里沙：sarissa，希腊语，意为"长枪"。

进而占有了当地丰富的金矿，正是这些金矿为他后来的数次征战提供了支持。

至公元前 354 年，腓力不仅已经掌控了色萨利，而且顺便把巴尔干半岛岸边的希腊城市也都吸纳到自己的王国中。在此之前，他失去了一只眼睛（在围攻希腊北部墨托涅的战斗中受了伤），得到了一个儿子，并按家族传统给这个孩子起了一个名字——亚历山大。腓力继续干预希腊中部的事务，在公元前 338 年的喀罗尼亚战役中，他击破雅典人和底比斯人率领的联盟，宣扬了马其顿的军威。

正是这场战役使腓力一举成为希腊的霸主，除了在名义上还不是君主，实际上在各个方面都已经成为希腊的统治者。唯有斯巴达领导的伯罗奔尼撒人敢违抗他。腓力对斯巴达人发出警告——"如果我把军队带来，就会掠夺你们的土地，屠杀你们的人民，毁灭你们的城市"。斯巴达人的回答一如既往地简洁[1]，只有一个词，"如果"。最后，腓力还是选择了不去招惹斯巴达人。

腓力似乎并未将自己看作希腊的国王，他宁愿把自己想象成一个英雄，率领团结一致的希腊各族，战胜真正的敌人——波斯帝国。

[1]　简洁: laconic，这个词源于拉科尼亚（Laconia），本指希腊的一个地区，那是斯巴达城的所在地，斯巴达人以惜字如金而闻名，故有简洁之意。实际上，在文中提到的警告之前，腓力先是威胁地询问斯巴达人，他应该以朋友的身份去见他们，还是以敌人的身份去见他们，斯巴达人的回答则是"都不"。

因此，在取得喀罗尼亚战役的胜利以后，他的行为不似一个征服者，倒像一位外交家。公元前337年，他在科林斯附近召集了一个会议，敦促希腊各城邦放下异见，帮助他彻底打败波斯敌人，以便一劳永逸。会议最后形成了科林斯同盟，除了斯巴达，所有的希腊城邦都同意结盟。（腓力坚称马其顿也是这些"希腊城邦"的一员，其他希腊人此时根本无力反驳。）马其顿同意不攻击联盟内的成员，也不干涉他们的内政，不过腓力还是在希腊各处战略要点留下了所谓

图14 "科林斯式"头盔，被希腊人使用了数个世纪，在亚历山大时期遭到淘汰，改用较为开放的头盔，以便让步兵方阵的成员能够更加容易地看见并听到指令。

"维持和平"的卫戍部队，以免他的新朋友会生二心。

第二年，腓力回到了马其顿，打算让自己的军队做好准备，以便入侵波斯帝国。那年的 10 月，他正在马其顿王国的古老首都埃迦伊，庆祝他的女儿跟伊庇鲁斯国王联姻。当时，希腊大使们齐聚一堂，为了让自己在他们面前显得更加平易近人，腓力只带了少数随行护卫。一名护卫趁机行刺了国王，个中原因难以揣度。后世普遍认为，腓力的妻子奥林匹娅丝嫌疑最大。人们怀疑是她策划了这次刺杀，目的是确保她的儿子亚历山大能够继承马其顿王位。亚历山大和腓力的关系很不稳定，尽管亚历山大当时正得宠，且被指定为继承人，但是谁也无法保证这样的情形会持续不变。

就这样，在公元前 336 年，亚历山大登上了马其顿的王位，开启了长达 13 年的征战。这场征战将把希腊的力量与影响扩展到无与伦比，登峰造极。

第二章

亚历山大与东方

眼望去，亚历山大大帝的事业似乎是一连串胜利的脚步，从未中断。然而不要忘记，这番事业起步之际，便有夭折的可能。首先，腓力遭到刺杀后，无法保证众人一定会接受亚历山大担任其继承人。腓力的确一直在培养自己的儿子进入这个角色，亚历山大也确实获得了一些军事经验，他曾经击退蛮族的袭击，并在喀罗尼亚战役中指挥过一支精英部队。而且，腓力在希腊征战的时候，曾把他留在马其顿主持大局，使其取得了一些治理国家的经验。

不过，父亲去世的时候，亚历山大只有 20 岁，腓力手下一些年纪较长、资历更老的将军难免半信半疑、举棋不定，让他们听从一位经验相对较少的年轻人指挥，颇不情愿。此外，亚历山大的母亲奥林匹娅丝并非马其顿人，而且正处于不光彩的流放之中。所以，有些人觉得，当此之时，曾被腓力取代的那个年轻的国王阿明塔斯，或许应该恢复王位了。

幸运的是，有一位名叫安提帕特的高级将领支持亚历山大（在亚历山大的一生中，他都将如此）。在安提帕特的敦促下，军队转而支持年轻的继承人，最终助其登上宝座，成为马其顿王国的亚历山大三世。亚历山大对他的朋友和支持者们通常都慷慨且仁慈，但是对那些有可能威胁到他的人却极为残忍，比如，阿明塔斯很快就被处决了。与之命运相似的是腓力二世的前王后，一位名叫克娄巴特拉的女人，一俟奥林匹娅丝从流放中归来，那位曾经的王后及其大部分家人便惨遭屠杀了。

　　亚历山大明白，腓力的死讯会使希腊变得动荡不安，于是他匆匆南下。他的意外抵达很可能阻止了一场雅典叛乱，但他还没来得及巩固自己对希腊的控制，又不得不返回北方，去对付威胁马其顿王国的伊利里亚和色雷斯两个部落。亚历山大的离去，加上后来又出现了关于他死亡的谣言，足以导致底比斯奋起反抗马其顿

图 15　马其顿的腓力二世，他为其子亚历山大大帝所创建的帝国奠定了基础。

霸权，他们企图重获在希腊的领先地位，被腓力二世的势力挤掉之前，底比斯一直保持着这样的荣耀。

　　亚历山大再一次证明，他会迅速而无情地对待任何反对者。他率领自己的军队急速南下，先是及时阻止了底比斯的叛乱蔓延到其他城邦，然后猛攻底比斯，并将其洗劫一空。亚历山大的士兵们推倒了它的城墙，有组织地摧毁了这座古代城市。尽管底比斯后来有过复兴的尝试，但再也没有恢复毁灭前的显赫，充其量只是过去的影子罢了。

　　只要确保军队的支持，亚历山大的地位便是牢固的。为了让

士兵们始终跟自己站在一起，他需要不断的胜利，于是，他准备加快实施父亲入侵波斯帝国的计划。当然，还有一个要立即发动这场入侵的原因——腓力为此组建的军队开销巨大，马其顿难以长久负担。（可以想见，底比斯之所以在被毁灭前遭到洗劫，很可能正是因为亚历山大需要这笔钱。）

公元前 334 年，亚历山大率领 12000 名步兵和 1800 名骑兵穿越小亚细亚。就算加上那些装备较差的盟国援军，相较于他们将要完成的任务，这也是一支规模很小的军队。

亚里士多德

有一位著名人物没有参加亚历山大东征，那就是亚里士多德，他是这位国王的朋友兼前任老师。亚里士多德拥有整个古代最杰出的头脑之一，对伦理学、政治学、植物学、生物学以及其他几乎任何事情都兴趣盎然。他的父亲是一名来自哈尔基季基半岛（在希腊东北部）的希腊人，曾经担任过马其顿的宫廷御医。因此，当亚里士多德离开雅典的柏拉图学院，在小亚细亚广泛游历以后，他便欣然接受了邀请，到马其顿担任家庭老师，教导年轻的亚历山大。

图 16　亚里士多德，作家、哲学家，亚历山大的家庭老师，画像由弗朗西斯科·海耶兹（1791—1882）创作，现存于威尼斯美术学院画廊。

　　这位哲学家鼓励未来的国王发展在"自由七艺"[1]方面的兴趣，培养其对已知世界的各种文化和生物怀有强烈的好奇心。这使得亚历山大在后来的征战中总是带着一大群科学家，这些科学家不断把一系列植物样本、地理报告和其他数据发回给亚里士多德。

　　亚里士多德是一名忠实坚定、几近狂热排外的希腊人，他始终都难以理解亚历山大后来企图把希腊文化和波斯文化融为一体的尝试。这导致师徒之间在一定程度上的疏远，不过虽然如此，亚里士

[1]　自由七艺（liberal arts）：指古代西方所认为的对于一个自由人来说至关重要的学科或技能，包括文法、逻辑、修辞、算数、几何学、音乐及天文学。

多德对后代的贡献还是跟亚历山大一样多，只是方式不同而已。他不仅拓宽了那个时代科学的界线，还留下了庞大的作品集，成为后世许多学科的基础。

以此而言，亚洲文化和希腊文化的结合恰恰帮助了亚里士多德，尽管他曾经对这一结合抱有强烈的怀疑。罗马覆灭以后，他的作品在西方几乎完全失落了。他曾经煞费苦心累积的知识只保存在亚历山大征服的东方土地上。在他死后将近两千年，作为十字军东征的意外结果，亚里士多德及其研究才重见天日，成为推动文艺复兴的主要影响力之一，带领欧洲迈出中世纪，步入近代。

格拉尼克斯战役

亚历山大的第一个目标就是从波斯的控制中夺取安纳托利亚（今天主要在土耳其境内），这是一个很难征服的地方，内部山峦起伏，地形复杂多变。面对马其顿的入侵，波斯的正确做法应当是利用此处易守难攻的优势尽量拖延，在这段时间之内，大流士国王可以调集遥远的军队，而亚历山大则会逐渐耗尽钱粮。然而，当地的波斯总督们却执意要跟亚历山大开战，企图将他的入侵扼杀在萌芽阶段。

公元前 334 年 5 月，双方在波斯省会萨迪斯（靠近今天土耳

其的埃尔吉利）北边的格拉尼克斯河岸边兵戎相见。我们无法确定
在这场战斗中究竟发生了什么，部分原因是现存的两份叙述完全矛
盾，它们分别来自历史学家阿里安和狄奥多罗斯。大致而言，波斯
人似乎阻止过马其顿人渡河。亚历山大虽然成功渡河了，但他并未
带上整个军队，波斯人采取坚定的措施，企图通过追杀亚历山大本
人以结束这场战争。（日后的事实证明，这是一个有效的策略，在
接下来的一年中，亚历山大病得非常严重，其时他的入侵便险些彻
底告终。）

追杀亚历山大的尝试差点儿就成功了。他之所以能死里逃生，
皆因一位名叫克雷塔斯的同伴救了他，在性命攸关之际，这位同伴
砍断了波斯人高举的臂膀。马其顿人最终获胜之后，亚历山大又一
次展现出其绝不容忍反对者的禀性，他下令屠杀那些站在波斯一边
与他作对的希腊雇佣兵。在这 16000 名"叛徒"中，只有 2000 人
活了下来，戴着镣铐被押回了希腊。

亚历山大对当地波斯军队的打击是毁灭性的。在大流士国王得
以从美索不达米亚组建新的军队之前，位于安纳托利亚的吕底亚、
卡里亚、吕西亚等波斯诸省都失去了防御能力。这些地方迅速落入
马其顿人手中，既巩固了安纳托利亚的西侧海岸，又大大帮助亚历
山大缓解了资金周转问题。诸如以弗所和米利都等著名的希腊城
市，都脱离了波斯的控制，被迫加入了科林斯同盟（于是，这些城

市曾经支付给波斯国王的税金变成了强制性的"自愿捐款"，用于同盟的开销）。

当初，亚历山大曾经起用自己的亲信来代替被征服的波斯行省总督；在经过长达四个月的围攻，夺取卡里亚首府哈利卡纳苏斯以后，他却留下了卡里亚女王阿姐来统治她的王国，这无疑是一个重要的征兆。让阿姐管理卡里亚，标志着亚历山大开始从希腊科林斯同盟的首领转变成一个希腊化亚洲帝国的统治者。在后一个角色里，他将越来越依赖波斯的官员和士兵，而且积极鼓励自己的下属将马其顿文化和波斯文化融为一体。据传，弥达斯国王曾经是小亚细亚的统治者，他在自己的城市戈尔迪乌姆系了一个绳结，其复杂程度无人不晓，有位预言家声称，谁能解开这个绳结，谁就能成为"亚细亚之王"。亚历山大挥剑斩断了那个绳结，公开宣示了他的统治权。今天，"斩断戈尔迪乌姆之结"已经成为一个比喻，指尽可能通过最直接的方式解决复杂难缠的问题。

伊苏斯战役及南下

至此，波斯帝国的统治者、万王之王大流士已经充分意识到了亚历山大的严重威胁。在后者忙于巩固对安纳托利亚的控制时，大流士集结起一支庞大的军队，并率其西行。在这一年的大部分时间里，亚历山大都缠绵病榻，因而变得衰弱不堪，在他恢复健康并重掌大局之前，马其顿军队失去了目标与方向。毫无疑问，这一点对大流士颇为有利。

对爱琴海周围的岛屿城邦而言，波斯舰队显然是一个不容忽视的威胁。同时，亚历山大也不免担忧，在波斯帝国的支持下，希腊可能会爆发一场叛乱。如果真的出现乱局，波斯舰队不仅会切断亚历山大军队的补给线，而且还会阻止他们返回希腊，使其不得不滞留在小亚细亚。

图 17　这种双刃曲剑武器（现存于纽约大都会博物馆）的长度仅次于步兵在希腊方阵中使用的 12 英尺至 16 英尺（3.7 米至 4.9 米）的长矛。

不止如此，波斯舰队还可以作为一个有力的补给，为正在朝安纳托利亚前进的大流士提供粮草，其军队人数大约在 25 万（那是古代最乐观的估量）到 25000（这是现代最悲观的测算）之间。按照现代大多数学者的意见，我们假设其为 10 万人，那么这支军队将很难熬过即将到来的冬季，因此波斯舰队的补给就变得至关重要了。鉴于此，亚历山大率领他的军队朝伊苏斯湾移动，意图将波斯舰队与大流士的军队分割开来。

不知是故意为之还是碰巧如此，大流士在前去迎战亚历山大的途中选择了一条更加偏北的路线，结果挡在了马其顿的运输线路上。由于波斯人和希腊人都切断了对方的补给线，一场冲突也就在所难免。紧随其后的战斗发生在皮纳罗河畔（究竟哪条河是皮纳罗河，现在大家仍各执一词，没有定论），波斯军队的左边则是群山起伏的高地。一边是河流，一边是山脉，这对波斯人显然极为不利，这意味着在如此狭窄的战场上，大流士难以将其军队的全部力量都施展开来。

也许是对格拉尼克斯河战役尚且记忆犹新，亚历山大吸取其经验，带领步兵把波斯防线冲出一个缺口。紧接着，他便加入自己的近卫骑兵，直奔大流士本人，将这场战斗变成了两个人之间的对决。面对杀气腾腾的亚历山大，大流士掉转战车，逃离了战场。

亚历山大针对敌方指挥官所采取的这一行动可谓十分大胆而冒险，他把如此多的兵力都用于这样的目的，以致军队中其余大多数人皆陷入相当危险的境地。好在大流士逃走以后，亚历山大能够回援那些处于困境中的部队，同时，随着君主逃跑的消息在军中传播，波斯人的士气也慢慢降低。通常情况下，一支古代军队一旦出现混乱的撤退，那便兵败如山倒，随后的屠杀也就不可避免了。将敌军完全击败以后，亚历山大继续追杀大流士。他轻而易举地跨越了皮纳罗河，因为河里堆满了波斯人的尸体。大流士成功逃脱，可其军

图 18　亚历山大镶嵌画的细节部分，展示了亚历山大在伊苏斯战役中对抗大流士的场景。这幅罗马镶嵌画出土于庞贝，现存于那不勒斯国家考古博物馆。

队金库却落入亚历山大手中，由此一劳永逸地解决了后者在财政上的烦恼，另有大流士的几名家庭成员也一并被擒获。亚历山大对这些俘虏以礼相待，不过，当大流士主动提出，愿意割让亚历山大所

征服的土地，以此来换取和平，并表示想用金钱赎回自己的家人时，亚历山大却回答，作为亚洲的新主人，土地如何划分以及是否划分，都要由他来决定。

在伊苏斯取得胜利以后，亚历山大可以选择继续进军美索不达米亚，直达波斯帝国的心脏，大流士在避开马其顿的骑兵之后，正是撤退到了那里。然而，这样做会留下波斯舰队威胁爱琴海和亚历山大的补给线。于是，他转而向南，朝着黎凡特前进，准备夺取地中海的整条海岸线，以便占据波斯舰队的基地。

严酷对待反对者，或许是亚历山大为了消除抵抗而刻意为之的一种策略，也可能是其真实个性的反映（后者可能性更大），无论如何，到现在为止，其性格的这一特点已经在希腊军中尽人皆知。在挥军南下的过程中，除了投降以外，他很少碰到其他情况。第一次严重的抵抗是在提尔遭遇的，那个地方位于今天的黎巴嫩。作为海上贸易中心之一，提尔因拥有"腓尼基紫色"染料而闻名，这大概是古代世界唯一一种染在衣服上而不褪色的染料。提尔是一个临近海岸的岛屿城市，城墙直接矗立在海中。亚历山大经过长达七个月的艰难围攻才夺取了这座城市，在此期间，他的军队修建了一条长堤，将提尔和大陆永远地连接在一起。一如既往地，在瓦解了所有抵抗之后，亚历山大又在城内进行肆意破坏和残忍屠杀，从而直接导致了这座城市的覆灭。自此以后，再也无人敢于阻挡亚历山大率领的南下大军，直到这支军队来到加沙，当时那是通往埃及王国的入口。

当地的波斯长官试图保卫加沙，这意味着那座城市的命运也跟提尔一样。之后，埃及的波斯总督明智地断定，投降才是更好的选择，于是，亚历山大便兵不血刃地得到了埃及。那位波斯总督决计放弃埃及，可能也是因为当地人原本就心怀不满，怨恨波斯占据了这个曾经独立而强盛的千年古国。波斯总督明白，他不可能同时跟亚历山大和反叛的埃及臣民作斗争，否则两边不讨好。

亚历山大没有像波斯人那样把自己的统治强加于埃及人身上，而是集中精力让他们接受自己。他不遗余力地顺应当地的宗教情感，不惜长途跋涉进入尼罗河西边的沙漠。他之所以这么做，就是为了模仿被他称作祖先的赫拉克勒斯的壮举，拜访位于锡瓦的阿蒙神庙。祭司们称呼亚历山大为"阿蒙之子"，以此来回报他的恭敬。马其顿人认为，"阿蒙"就是埃及人对众神之王宙斯的称呼。亚历山大则以此为据，进而证明他母亲的说法，即，他在她体内的孕育与腓力无关，而是由于宙斯，因此他——亚历山大，确乎是一位半神。

亚历山大在埃及仅仅逗留了这一次，在此期间，他所做的意义最深远的事情，便是创建了那座至今仍以之命名的城市。亚历山大里亚位于法罗斯岛对面的大陆上，无论过去还是现在，它都拥有一个为远洋船只遮风挡雨的海港，以及一条经过附近的卡诺珀斯湖进入尼罗河的便利通道。尽管亚历山大将陆续发现，许多城市都顶着他的名字（第一座就是在伊苏斯战争后马上建立的），但是埃及的亚历山大里亚将是其独一无二的杰作。后来的托勒密王朝扎根于此，成为希腊化世界一大奇迹的那座灯塔挺立于此，在一段时间之内，亚历山大里亚也许可以自称为整个地中海世界最伟大的城市。

征服波斯帝国

大流士听说亚历山大已经离开埃及，正准备进军波斯的中心地带，在绝望之下，他又作了一次讲和的尝试。他主动提出，要将幼发拉底河以西的土地全部献出，并把女儿许配给亚历山大，再用巨额赎金换回自己其余的家人。得知这个提议以后，亚历山大的高参之一，一位名叫帕米尼奥的将领说，"我要是亚历山大，就会接受这些条件"。对此，亚历山大反驳道，"我要是帕米尼奥，自然也会接受这些条件"。

由于亚历山大决计全面征服大流士的帝国，这位波斯统治者别无选择，只好集结自己的军队，来一场殊死搏斗。那场决定性的战斗发生在公元前331年的10月份，地点在伊拉克东北部，阿贝拉（即今埃尔比勒）附近的高加米拉。这次，为了避免导致先前溃败的错误，大流士作了新的部署，意志颇为坚定。为了充分发挥波斯军队在人力和骑兵方面的优势，他特地选择了一处宽敞的战场，又精心铲出

图 19　普拉奇多·科斯坦齐《亚历山大大帝建立亚历山大里亚》，约 1737 年，布面油画。

多条平坦的路径，以便刀轮战车[1]可以顺利通过，他计划利用这些战车来破坏希腊步兵的阵形。周围并无任何山川丘陵或其他防御性地势可以让亚历山大排兵布阵，而且马其顿军队现在的补给线拉得太长，一旦战败便是毁灭性的。古代历史学家对波斯军队规模的估算，跟现代历史学家所认为的真实情况相比，还是差距很大。阿里安的估计是大约 100 万人，外加 4 万骑兵，但这个数字被认为极不靠谱，大多数现代历史学家能接受的规模是其十分之一，甚至更小。

─────────

[1]　刀轮战车：scythed chariots，一种古代战车，其两侧的车毂均装有锋利的镰刀。

无论它是否有那么庞大，这支波斯军队在人数上无疑远远超过了亚历山大的队伍。但是，值得一提的不过是其中一支号称"不死军"的万人精英卫队和一支希腊重装步兵分队，后者在得知亚历山大残忍对待他们的同伴希腊雇佣兵之后，是准备战斗到死的。除此之外，大流士的军队多数都缺乏训练、装备一般且士气不佳。

实际中的这场战斗，简直是亚历山大在战略、战术方面的一次大师级教学。为了保护军队的侧翼，他利用自己的骑兵逼迫大流士离开其事先看好的位置。然后，亚历山大充分利用他的步兵方阵作为坚实的铁砧，让马其顿骑兵予以猛攻，犹如无数把铁锤，将波斯军队死死地压在砧板上击打。要实施这个复杂的战斗计划，首先要求步兵方阵必须全力以赴，顶住巨大的压力，以便骑兵队伍做好发动攻击的准备。严格的训练和纪律，以及此前一连串胜利造就的高昂士气，使这一切成为可能：

> 当大流士带领全军投入战斗时，亚历山大命令阿瑞提斯截击企图绕到其军队右翼的波斯骑兵，实际上他自己也暂时前往右边支援。然而，当波斯骑兵被击退以后，亚历山大转而冲向敌军由此产生的缺口。他的近卫骑兵组成一支楔形突击队……伴随着惊天动地的呐喊声，亚历山大率领他们全速前进，径直冲向大流士本人。（阿里安《亚历山大远征记》，14）

这场战斗的结果可以说是伊苏斯战役的重演。大流士又逃跑了，这次是在激烈的短兵相接之后；随着他的离去，波斯军队土崩瓦解，伤亡惨重（据阿里安说，超过 30 万人），不过这一回，大流士没有后备军了。在高加米拉战役之后，波斯帝国便基本落入亚历山大手中，跟 150 年前的情况相比，这是一个惊天大逆转。当初，为了保卫希腊，抵御波斯帝国的入侵，萨拉米斯的希腊人曾经浴血奋战。如今，公元前 331 年，亚洲的希腊帝国实际上已经诞生了。

作为对新秩序的认可，波斯帝国的三座主要城市主动缴械，向亚历山大投降。在证明了他们对亚历山大新建立的忠诚以后，苏萨和巴比伦的长官被允许保留他们的职位。在巴比伦，就像在埃及一样，亚历山大花了很大力气，以使当地人甘心顺从其统治。在他采取的措施中，包括下令重建一座供奉巴比伦保护神马杜克的庙宇，先前，为了惩罚巴比伦人的一场失败的叛乱，波斯人曾把这座庙宇摧毁。不过，第三座城市波斯波利斯已经不再需要长官，因为尽管它投降了，亚历山大还是彻底将之摧毁。

古代有资料记载，亚历山大曾在这个前帝国首都举办了一场庆祝宴会，席间，一个喝醉酒的名妓提议烧毁这座城市，所以它才会惨遭厄运。不过，这显然并非事实。有考古学证据表明，在毁灭之前，这座城市的贵重物品被洗劫一空，并且居民也都被驱散了。当然，城里并没有很多人，因为波斯波利斯主要是一个仪式和宗教之地，而不是一座功能齐全的城市。亚历山大通过摧毁它，向世界传递了这样的讯息：波斯帝国已不复存在，一个崭新的王国正从其废墟上兴起。这很可能是他一直以来的意图，是一个早有预谋的做法，而并非醉酒之后的一时冲动。

还有一个时代更替的重要标志，那就是在新臣民面前，亚历山大没有表现为一个征服者，好像他并不是为了一个世纪以前雅典被烧毁的事情而来。他把自己打扮成了一个复仇者，要为阿契美尼德王朝的最后一位统治者大流士复仇，这一王朝曾统治波斯帝国长达两个世纪。一个背叛大流士的属下恰巧给了他这个机会，这个名叫贝苏斯的人杀了自己的君主，逃向帝国东部边缘的巴克特里亚，自立为新的波斯王，准备作最后一搏。亚历山大呼吁曾经支持大流士的人们团结起来，帮助他对付这个杀害他们前任君主的不义之徒。当贝苏斯最终被捉住后，亚历山大便将其交给大流士以前的臣民，由他们予以惩罚并处决。

贝苏斯被捉并未结束帝国远东地区的所有抵抗。亚历山大在索格底亚那遭遇了强烈的反抗，那是波斯帝国的一个行省，就在巴克特里亚的北边。事实证明，在某种程度上，此地是最难夺取的，因为它位于亚历山大运输线路的最东端，其主要城市是具有传奇色彩的撒马尔罕，那是世界上最古老的城市之一。亚历山大新帝国的范围到底有多大？或许可以这样描述：即便是今天，在希腊的塞萨洛尼基和亚洲的撒马尔罕之间，最快的线路也是一趟十四个小时的航班，行程将近五千公里。在途中，现代旅行者会飞越伊朗和土库曼斯坦，然后降落在乌兹别克斯坦，向南几百公里便是跟阿富汗接壤的边界。如今，大概很少有人会意识到，这趟旅程所覆盖的整片区域曾经都由希腊人支配和控制。

进军印度

公元前329年，亚历山大攻下了撒马尔罕。为了牢牢掌控这座城市及其所处的行省，他迎娶了罗克珊娜，这位公主跟当地的大部分贵族都有亲戚关系。从那以后，这座城市便被冠以希腊名字马卡兰达，继续繁荣发展，在连接中国和西欧的伟大丝绸之路上，它是主要驿站之一。而亚历山大则把它当成一处管理和军事中心，将其用作下一个重大计划的基地。

对于印度，亚历山大究竟是打算完全征服还是部分征服，今天已经不得而知。看起来，可以肯定的是，他严重低估了这项计划的规模及其所需资源。当时，由于他已经遣散了不少马其顿和希腊老兵，又派出许多士兵驻扎在索格底亚那，因此他不得不集结了一支人数相当多的波斯分队来弥补缺口。而且，面对身在亚洲的希腊雇佣兵，亚历山大放宽了先前的严苛条件，把能够找到的这些雇佣兵统统招入自己的军队中，这也进一步佐证了他在人力方面遭遇的困难正逐渐增加。

面对亚历山大那不知餍足的征服欲望，这支军队显然已经力不从心了，印度冒险的提议让他们心中充满了沮丧和惊慌。许多士兵原本以为，随着夺取波斯波利斯的成功和大流士的死亡，这次东征的任务便圆满完成了，而战争的结束则预示着他们可以返回遥远的家乡。突然得知亚历山大还有其他计划需要他们实施，那份不情不愿是可想而知的。

更令人难以接受的是，亚历山大的举止和作风变得越来越波斯化了。尽管他的波斯服饰和异国妻子安抚了当地人，但是却在他的士兵中引起了不安。现在，亚历山大还要求宫廷成员在其国王面前实行那种名为"普洛斯基尼希斯"[1]的跪拜礼。对波斯人而言，这自然是一个让人放心的象征，标志着生活的礼仪会像从前一样继续。但对马其顿人而言，这却标志着亚历山大的权力之欲正在不断膨胀，因此，他们断然拒绝，表示不能容忍这样的傲慢。亚历山大颇为无奈地妥协了，不过属下这一小小的反抗之举，使得这个原本就对抵抗极为反感的男人，更加疑虑重重。

在接下来的几个月里，一些针对亚历山大的阴谋被陆续"发

---

[1] 普洛斯基尼希斯：proskynesis，希腊语，意为"朝拜"，特指波斯的一种传统礼仪，即在社会地位更高的人面前鞠躬或拜倒的动作。

图 20　埃尔金大理石雕描绘的希腊骑兵。

现"，其中一场由他自己的贴身侍从们策划，另一场则以将领帕米尼奥的儿子为中心，帕米尼奥是亚历山大手下资历最老的指挥官之一。公元前 328 年，亚历山大和他的部下克雷塔斯在醉酒后发生了一场争执，内容与其在征服波斯之前的政策有关。狂怒的亚历山大抓起一杆标枪，当场杀死了克雷塔斯，那可是曾经在格拉尼克斯河战役中救过其性命的同伴，后来他对这一行为感到后悔不已。

公元前 327 年，亚历山大率领军队向印度河出发。他也许觉得，这样做会让大家冷静下来，把精力投入到战役中去。他的进军本质上是一次军事侦察，因为他对于这片次大陆知之甚少，而且他所知道的许多情况都是错误的。而从表面上来看，这次突袭是为了支持一位名叫塔克西勒斯的印度国王，帮忙对抗其在克什米尔地区的邻国。

尚未见到塔克西勒斯，亚历山大便已在这片满怀敌意的领土上经历了一些艰难的战斗，不过一旦他的军队抵达目的地，内外结合的力量还是十分强大，足以迫使塔克西勒斯的主要敌人之一缴械投降。其另一个敌人波鲁斯国王则是一个颇难对付的角色，主要的正面交锋发生在公元前 326 年的希达斯皮斯河岸边。虽然占据着强大的战略要地，并且在步兵团背后部署了 200 头战象作支持，波鲁斯最终还是未能抵挡住亚历山大的战术技巧及其军队丰富的作战经验。

波鲁斯的军队被彻底击败，他本人也被抓获。当亚历山大询问这位俘虏，自己应该怎样对待他时，波鲁斯回答"像对待国王一样"。亚历山大非常欣赏这个回答，以至于不仅留下他继续掌管其王国，而且还扩大了他原来的领地范围。

亚历山大准备从这里开始，继续向印度深处进发，可是他的军队强烈反对。季风期即将到来，他的士兵们还没有准备好跟天气作斗争，而且次大陆上人口众多，似乎储藏着源源不断的军人、大象和骑兵。士兵们威胁亚历山大，如果他执意前行，那么他们都会回家，他将独自一人。

被迫撤退的亚历山大只好另做安排，以加强帝国的控制，巩固他在印度河沿岸获得的新领地。他批准一些统治者保持原位不变，并且将自己的亲信安插在另外一些地区。然后，为了让自己的军队配合舰队的行动，他又沿着海岸线朝波斯湾前进，那支舰队是他为了在印度洋确立希腊存在而组建的。他打算带着自己的部队穿越名叫格德罗西亚的海岸线，其困难程度尽人皆知，曾有几支军队试图穿越这片地区，可是都未能逃脱全军覆没的命运。虽然亚历山大带领自己的军队最终回到了波斯，但是在这趟旅途中，他还是损失了大量兵力。

重返巴比伦

一回到新帝国的中心，亚历山大便残忍地除掉了许多前任部下。首先遭殃的便是其归途所经之处的总督和长官，他觉得这些地方没有全力帮助他的军队，就连那些已经竭尽所能的地方也难逃苛责。亚历山大明白，他需要转移大家的注意力，让人们开始关注那些倒霉部下的脑袋，而不是批评他对行军路线的选择。

相比之下，其他人则更应该受到惩罚。在亚历山大离开期间，一些地方长官称霸一方，就像小国王一样，招募雇佣兵军队，把税收挪为己用，中饱私囊。其中有一个亚历山大的老朋友，名为哈帕鲁斯，因跛足不能在军队服役，而被委任为王室财务总管。如今，哈帕鲁斯知道其巨额贪污行将败露，便带着大约 700 塔兰同[1]的不义之财逃之夭夭。（按照一般的计算标准，1 塔兰同黄金为 50 千克，那么这笔钱大约相当于 2018 年的 15 亿美元，上下误差不超过几

---

[1]　塔兰同：talent，古代的质量单位，当用来衡量金钱时，指的是 1 塔兰同重量的黄金或白银，据说 1 塔兰同黄金的重量基本相当于一个人的体重，大概是 50 千克。

百万。）哈帕鲁斯前往雅典避难，在那儿，雄辩家德摩斯梯尼被指控收受贿赂并包庇这个侵吞公款的逃犯。

昔日旧友的贪腐规模之大，背叛程度之深，使得亚历山大怒火万丈，忍无可忍，在已知的世界里，没有任何地方可以保护哈帕鲁斯了。不久，他又从雅典逃往克里特岛，根据有些资料记载，他被自己的仆人杀死在岛上。而据一位马其顿探险家的叙述（保塞尼亚斯《希腊旅行指南》，2.33），哈帕鲁斯曾把钱财交予自己极为信任的一名仆人保管，大部分却都被那名仆人偷走了，这真是莫大的讽刺。

在此期间，亚历山大竭力宣扬自己在印度取得的胜利，并且效法曾经有过许多妻子的父亲腓力二世，迎娶了大流士的女儿和大流士的前任国王之一阿尔塔薛西斯三世的女儿，以便让自己进一步融入波斯统治的传统结构之中。在盛大的联姻庆典上，亚历山大还主持了许多军官和数千名士兵的婚礼，他们也都迎娶了波斯新娘。

尽管这种行为在他的旧部中引起了忧虑，但是亚历山大显然打算最终用一支波斯—希腊混合军队来代替原本的马其顿人和希腊人。他不顾手下人的强烈抗议，兀自组建起一支 3 万人的波斯军队，并以马其顿风格加以训练和装备，还给这支部队起了一个意味深长的名字——"继承者"。他明确表示，期待希腊士兵和波斯妻子的后代将来会加入这支新型军队。虽说亚历山大依然对军队中的老兵表现出极大的尊重，但是他们的退役仍在持续，人员更替自然也在所难免。

在亚历山大的帝国中还有一大批雇佣兵，其中有不少都是从希腊大陆被流放出来的。在他解散了总督们的私人军队以后，这些雇佣兵当中的许多人都变成了土匪强盗。他下令让希腊各城市把这些流放在外的人都接回去，从而解决了这一难题，或者不如说是转移了这个问题。大量愤愤不平的士兵抵达希腊，他们原本训练有素，如今却成了无业游民，这对社会秩序造成了极大的破坏，当地人因此对亚历山大心生怨恨，他们觉得他已经基本抛弃了科林斯同盟的理想，自立为波斯的新大流士了。

这一时期，亚历山大的宫廷里还发生了一件不祥的事情。他有一位最好的青年朋友，名叫赫费斯提翁，许多记载中都说那是他的情人。亚历山大喜欢把他们的关系比作传说中的阿喀琉斯和帕特洛克罗斯[1]的友谊。为了表示自己的偏爱，他让赫费斯提翁跟大流士的另一个女儿结婚了，因此这两个男人在某种程度上便成了一家人。就像亚历山大及其圈子里的许多人一样，赫费斯提翁也喜欢大量饮酒，这很可能导致了他在公元前324年的突然死亡。

亚历山大悲痛欲绝，下令举办奢侈的葬礼，纪念这位死去的朋友。当他来到巴比伦参加部分葬礼仪式时，十分可怕的凶兆亦随之出现，

---

[1]　阿喀琉斯和帕特洛克罗斯：均为荷马史诗《伊利亚特》中的人物，二人感情深厚，前者对后者非常温和，但是对其他人却傲慢而无情。虽然荷马从未明确表示其为情侣关系，但是在古风时代和古典时代的希腊文学中，他们都被描绘成一对情人，尤其是在埃斯库罗斯、埃斯基涅斯和柏拉图等人的作品中。

祭司们断定亚历山大自己的性命也处于危险之中。但他并未理会厄运即将降临的威胁，而把注意力都集中在赫费斯提翁的葬礼以及入侵阿拉伯半岛的计划上。在经过一轮时间很长的饮酒之后，他也病倒了。公元前 323 年 7 月 10 日，亚历山大，这个在此星球上征服土地空前之多的人，这个把希腊世界扩展到喜马拉雅山脚下、印度河流域和埃及的人，在 32 岁生日过后仅仅一个月，便溘然长逝了。

亚历山大的死亡使得世界上许多地方都陷入混乱之中，因为他的统治一直都集权于个人，而不是依靠马其顿的君主制度，其实这个制度早就跟不上他的步伐了。尽管不可避免地出现了关于刺杀的谣言，但另一种可能性还是要大得多，即亚历山大在十几年持续的压力、伤痛和急行军中燃尽了自己的生命之火。现代历史学家相信，最终，很可能是疟疾袭击加上过量烈酒，毁灭了这个无数波斯军队都未能杀死的男人。

图 21　德摩斯梯尼，雅典雄辩家，他是腓力二世和亚历山大的长期敌人，最终服毒自尽。

第三章

希腊帝国

到亚历山大死去之时，这位君主的领地已经超过了此前任何人所统治的范围，这片广大的区域约有 900 万平方公里，基本相当于美国的大陆部分。与之相较，罗马帝国的土地只有它的一半多一点而已。如果用"多样化"来形容亚历山大的帝国，可能还远远不够，它包含着数以千计的不同民族和文化群体，有着上百种不同的语言。

希罗多德讲过一个有关波斯国王大流士一世的故事，很好地说明了统治这个多样化帝国的种种问题和难处：

> 大流士做波斯国王的时候，曾召集宫廷里的希腊人。他问，要给他们多少钱，才肯吃掉自己父亲的尸体。希腊人回答，多少钱都不行。
>
> 之后，大流士又召集那些名为卡拉提亚的印度人。希腊人也在场，通过翻译，他们明白当时的情形，实际上，卡拉提亚人确实会吃掉死去的父母。于是，大流士便问他们，要怎样才肯改为烧掉那些尸体，这群印度人惊恐地呼号，恳求他不要再提起如此可憎的行为了。（希罗多德《历史》，3.38）

简而言之，波斯帝国绝非波斯人的帝国。它只是曾由一名波斯人当家，现在则由一名马其顿人执掌大权，除此之外，帝国的各个部分可谓毫无共同之处。亚历山大曾坚定地认为，一旦他征服了波斯帝国，就没有可以与之相提并论的挑战了。对此，就连政治才能远胜于亚历山大的奥古斯都帝王，也不免感到十分好奇，他实在想知道，亚历山大究竟有没有真正尝试过治理他所拥有的一切呢？

其治理之难，我们还可以通过下列问题来说明：这个帝国的各民族不仅有不同的语言、宗教信仰和计数系统，而且，他们甚至无法在今天是哪一天和今年是哪一年的问题上达成一致。单是希腊，每一座城市都有自己的历法。这些历法大致都符合朔望月的规律，但当地的政治家们乐于再添上一个月，比如为了延长夏季，或者为了推迟选举。另外，埃及人却使用回归年，但由于没有把闰年的因素考虑进去，所以他们的官方季节在日历上慢慢地移动着。一个世纪前曾经是春季的某月，现在则成了夏季，再过几百年又会成为秋季。在任何一个地方，年份都取决于当地的日期系统，可能从那座城市建立算起，或者按照一位国王的统治时间来编年，或者是其他同样随意的系统。

新来者继承的就是这样一个帝国，企图进行中央集权式管理是不可能的。在这个帝国中，大多数人都无法进行彼此之间的交流，每个人对于自己的身份以及应该如何被管理，都有着截然不同的认知；甚至对于今天是哪一天、今年是哪一年，他们也都有着迥然相异的意见。因此，亚历山大便效仿波斯人，所到之处，不管这个地区在被纳入帝国之前采用的是什么社会等级系统，他都简单地把自己置于其最顶端。

因此，许多民族只是模模糊糊地知道他们属于波斯帝国，至于高层管理者的更换，乃至变成一个希腊—马其顿帝国，就不是他们所关心的了。境内农业人口占到了 90% 以上，农民们一如既往地耕作，庆祝他们的节日，举行传统的宗教仪式，把各种名目的税款交给酋长、首领、执政官或者任何负责收钱的人。这一切都没有什么改变。

图 22 从山顶俯瞰巴比伦的景象，这是亚历山大去世的地方，后来成为塞琉古帝国的一座重要城市。

从长远来看，希腊文化和东方文化的融合将对西方文明和中东文明都产生重要的影响。但在短期内，除了那些直接受到亚历山大行军影响的地区之外，对于大多数民众而言，这个帝国现在已经转手虽属事实，却又是无关紧要的。

权力争夺及帝国的分裂

亚历山大是马其顿人，他非常了解同为贵族的那些马其顿人在处理政治事务时的残暴凶狠、自私自利和冷漠多疑。亚历山大很年轻，但是他的生活方式非常危险，这也就意味着他随时都有可能死亡。然而正因如此，他一直都格外谨慎，避免为自己的权位指定一位明确的继承人。否则，一旦得到提名，那位候选人便会趁着亚历山大还没有改变主意，立即开始实施除掉这位国王的阴谋。亚历山大在巴比伦死亡，随之产生了顶层权力的真空，这是马其顿政治体制的固有问题，并非因为计划不周。

可以预见的是，在亚历山大死后，一场权力斗争在所难免。如果历史学家狄奥多罗斯·西库鲁斯的记载可信的话，那么这也正是亚历山大曾经预料到的情况：

（亚历山大）在巴比伦奄奄一息。当他还剩最后一口气时，他的同伴们询问，他打算把这个帝国留给谁？亚历山大回答：
"留给最强者。我的葬礼竞技会[1]将是我的朋友们之间的大搏
斗。"结果也确实如此，在亚历山大死后，他的主要同伴为了
谁应该获得至高无上的霸权而争论不休，反目成仇，引起了许
多重大的冲突。（《历史丛书》，18.1）

　　表面上看来，权力似乎从死去的亚历山大手中顺利地转移给
了他的继承人、同父异母的哥哥阿里达乌斯。然而，阿里达乌斯有
着十分严重的智力障碍，完全没能力进行统治，所以必须选出一位
摄政王，实际上，除了名义之外，这位摄政王才是各个方面真正的
帝王。而且，亚历山大的第一位妻子罗克珊娜即将生下遗腹子，那
也是阿里达乌斯的一位竞争者。众人同意，如果这个孩子是男孩儿
（确实是），他就可以跟阿里达乌斯一起继承王位。

　　在亚历山大生病直至死亡期间，暂时由他的高参佩尔狄卡斯代
行管理之职。因为有马其顿军队主力部队的支持，所以他成了摄政
王，以两位国王的名义统治帝国；这两位国王，一位是婴儿，另一
位是弱智。为了巩固自己的地位，佩尔狄卡斯决定迎娶亚历山大的
妹妹克娄巴特拉，却因此疏远了他手下的一位重要将领，他原本已

---

[1] 葬礼竞技会（funeral games）：为纪念新近逝者而举办的体育竞赛，在许多古代
文明中都十分常见。

图 23　描绘一头北非大象的古代镶嵌画（日期未详）。这个已经灭绝的品种比撒哈拉以南的大象体型更小且更易驯服，在战争中的威胁性比印度大象更小。

与其女儿订了婚。

　　除了婚事上的小伎俩之外，佩尔狄卡斯还有许多其他事情要做，毕竟，随着亚历山大死讯的传出，不安情绪在帝国的领土上蔓延。希腊人一向不喜欢在科林斯同盟中屈居马其顿之下，那里的叛乱也就难以避免。至于埃及，叛乱已然发生，篡位者早就上台了。还有安纳托利亚的卡帕多西亚，原本就从未正式依附于帝国，如今更是决定要走自己的路了。

　　更加糟糕的是，动荡不仅来自那些被征服的人们。听说亚历山大死了，许多军人都毅然决然地打算重返西方的故乡，其中有希腊雇佣兵、军队老兵，还有其他曾经受到亚历山大约束、不得不驻扎在遥远的巴克特里亚的士兵。佩尔狄卡斯只好通过武力，威逼这些移居者留在原地，然而他自己的军队也变得难以控制，渴望赶紧解散。

意料之中的希腊叛乱引发了一场短暂的战争，名为拉米亚战争（公元前 323—前 322 年），因为多数战斗都发生在拉米亚城周围。领导这次叛乱的是雅典人，他们在失败后遭受的苦难最多，不过希腊的其余部分也付出了不小的代价。自从公元前 331 年亚历山大的一名将领攻占斯巴达以后，这座城市就被纳入科林斯同盟之内了。如今同盟已然瓦解，南部的希腊人便彻底成了马其顿的臣民。然而，这并不意味着亚历山大创建的必定是一个马其顿帝国，那些处于领导地位的确乎都是马其顿人，但是在军队中和社会上，却处处都弥漫着希腊的观念与文化。

同时，差不多在尚未彻底征服任何一个行省之前，一群来自希腊大陆的移民便开始探索这片新边境所开启的机会。之后，来自上百个大大小小希腊城市的被流放者也加入了这一行列，在亚洲大陆安顿下来。崭新的城市像雨后春笋般在帝国各地冒了出来，它们的文化显然都是希腊的。虽然帝国的征服者是一名马其顿人，但是他为西方开辟的世界从一开始就被认为是"希腊的"。

佩尔狄卡斯的摄政权力在首次遇到直接挑战时就崩塌了，这一挑战来自他手下的一个将领。这位将领就是托勒密，他很清楚自己想要从亚历山大的帝国中获取什么，事实证明，他会冷酷无情、心无旁骛地得到它。托勒密乃是亚历山大的童年好友兼忠诚属下，但他不愿效忠于佩尔狄卡斯和新政权。他迅速地前往埃及，声称是为了制服已经在那里宣布独立的总督，实际上则是为了吞并这个国家，将其变成自己的领地。作为对佩尔狄卡斯的一个直接挑战，托勒密抢走了正要运往马其顿安葬的亚历山大的遗体，并以隆重的仪式将其埋葬在亚历山大里亚。按照惯例，只有马其顿国王才能埋葬前任国王，所以，这显然是对佩尔狄卡斯权威的挑战，他是不可能视而不见的；尤其是托勒密还擅自决定，要吞并昔兰尼以及在这座城市统治之下的广大领地。

佩尔狄卡斯的支持者极少，只有拥护他成为摄政王的那支精英骑兵和贴身卫队。事实证明，足智多谋的托勒密能够将自己的新王国守护得密不透风，因此佩尔狄卡斯的士兵们便放弃了一场更加持久而艰巨的战役。不仅如此，他们还杀了自己的指挥官，并且邀请托勒密去接管帝国。

明智的托勒密没有接受这一邀请，而是觉得自己能拥有埃及，就心满意足了。虽然后来他和他的继承人们不厌其烦地在叙利亚和黎凡特争权夺利，但埃及始终是托勒密及其王朝的权力中心。这种情况持续了三个世纪，直到公元前 30 年，马克·安东尼的情人、著名的克娄巴特拉七世，不愿做罗马帝国的俘虏，宁肯自杀身亡，随着她的死去，托勒密的血脉才告结束。

此后发生了几场短暂的小型战争，在公元前311年，帝国的权力分配终于正式完成了，幸存下来的亚历山大的将领们签订了一份和平协议。根据协议条款，托勒密将在名义上继续做马其顿国王的属下。而那一对没有实权的国王则被安置于马其顿，听从新摄政王安提帕特的摆布。亚洲地区则留给了另一位强大而野心勃勃的将领——"独眼龙"安提柯，他的统治得到了积极能干的儿子德米特里的帮助。可是，这个政体刚刚开始实行，安提帕特便死了，情况又变得非常复杂，一切再次陷入混乱之中。虽然他的儿子卡山德继承了摄政王之位，但是很明显，在马其顿的欧洲领地以外，卡山德的权威并未得到承认。

公元前310年，亚历山大和罗克珊娜的儿子死去，亚历山大王朝的统治已经变得软弱无力，整个帝国名存实亡。当此之际，安提柯认为历史的重任注定落到了他的肩上，他要把亚历山大破碎的帝国重新整合起来，纳入自己麾下。公元前307年，他派出一支由其儿子率领的军队，去"解放"卡山德统治的希腊。德米特里全力以赴去完成这个任务，他十分擅长攻城略地，以至于被称为"攻城者"德米特里。包括雅典"解放"在内的一系列胜利，使得军人们自发地宣布安提柯便是他们的国王。托勒密不甘示弱，很快也当上了国王，卡山德则紧随其后，其他几名将领也纷纷效仿，他们同样攫取了亚历山大前帝国中的自治领地。于是，庞大的帝国正式分裂为不同的王国，这些王国将以希腊化世界的名义而传扬天下。

新世界的形成

安提柯的势力不断增长，自然招来了其对手们的联合抵制。这场角逐在公元前 301 年达到高潮，一方是安提柯和德米特里，另一方是他们的主要竞争者，即利西马科斯、托勒密和塞琉古三位将领。塞琉古的战象决定了伊普苏斯战役的胜负，那些战象成功阻止了安提柯的骑兵跟主力部队会师。安提柯本人在这场战役中被杀，德米特里则逃离了战场，沦落为没有王国的国王。胜利者们瓜分了安提柯的领地；利西马科斯掌管了安纳托利亚，塞琉古得到了叙利亚以及东边的部分地区（不过巴克特里亚已经逐渐脱离他的控制了）。永远都在投机取巧的托勒密则借机抢下了黎凡特，当时塞琉古实力太弱，难以阻挡，而其他人则精力分散，无暇顾及。

这种并不稳定的平衡状态维持了将近四分之一个世纪。德米特里为这段时期增添了些许趣味，在卡山德死亡以后，他伺机夺取了马其顿，但很快就被利西马科斯和伊庇鲁斯国王皮洛士（正是这个皮洛士后来入侵意大利，企图取代正在崛起的罗马势力，结果却失败了）赶下台来。德米特里为塞琉古所俘，在囚禁中度过了生命中最后的日子，而塞琉古则趁着利西马科斯专注于马其顿的空当，入侵了安纳托利亚。利西马科斯死在了战场上，但取得胜利的塞琉古还没有来得及好好享受成功的喜悦，便遭到了刺杀。随着他的死亡，重新统一亚历山大帝国的最后机会也不复存在，亚历山大所征服的土地被简单划分成了几块，这样的格局在接下来的 300 年内始终保持未变。

东边是巴克特里亚，表面上是一个希腊王国，实际上它与印度

图 24　单峰骆驼和骆驼牧人，罗马帝国早期的浅浮雕，现存于梵蒂冈博物馆。

和中亚地区各王国的联系更加紧密，远远超过跟希腊大陆或马其顿的联系。巴克特里亚与亚历山大前帝国其余部分之间的沟通交流颇为困难，主要是通过丝绸之路的贸易来实现。那里的希腊人对地中海沿岸的权力斗争兴趣很小，就像西方的希腊人对恒河流域的复杂政治游戏漠不关心一样。正因如此，在接下来的一个世纪中，巴克特里亚不可避免地逐渐脱离希腊化的轨道，成为一个融合了希腊文化和东方文化的与众不同的王国。

巴克特里亚的西边则由塞琉古的继承者们所统治。亚历山大的这一部分领地十分广大，足以凭借自身的面积获得"帝国"的头衔。塞琉古帝国的统治者们始终拥有安纳托利亚，那是他们的创始人从利西马科斯手中获取的，不过他们对安纳托利亚的内部掌控，乃是有名无实的。西方的高卢人先是在黑海西部沿岸不停捣乱，而后大举入侵安纳托利亚的高原地区，并最终定居于此，将其变成了独立的加拉太王国。（几个世纪以后，圣保罗正是给这些高卢人写信，那封信被保存在《圣经》中，名为《加拉太书》。）

塞琉古帝国的南边是埃及的托勒密王国。这个王国的北部边界会不断变化，取决于托勒密统治者和塞琉古统治者的力量消长。但加沙以南地带则始终属于托勒密，那是一个自给自足的王国，以亚历山大里亚为中心，这座城市很快将成为希腊化文明的一座灯塔。

西边是马其顿和希腊，那里原本是亚洲征服者的故乡，如今却要勉力跟其继承者们的国家竞争，而且这些后起之秀在财力和资源上都已远远超越了它。更为不堪的是，马其顿的统治者变得越来越严苛，以此来加强对希腊的控制，尽管这种控制愈发艰难。这导致大批富有活力、敢于进取的希腊人迁居境外，前往东方的新王国去寻找机会，而其他希腊人则逃向西边的大希腊地区，可是那里的城市也正在落入一个主权民族国家之手，那就是罗马。它顺着意大利半岛向南推进，征服了诸如卡普阿和那不勒斯等希腊城市，将其纳入自己不断拓展的版图之中。

希腊化世界与新时期

即便算上从欧洲大陆涌入的希腊人，东方的希腊人在他们的新帝国里也只是一个人数极少的群体。人们也许会以为，用不了多长时间，这些希腊人就会被当地的土著居民所同化，除了西方对艺术的影响以及偶尔可能会诞生的蓝眼睛孩子以外，几乎不会留下任何入侵的痕迹。不过，事实却并非如此，因为在那时，希腊文化中还有许多内容是世界上其他地方所需要的。

哲学

公元前5世纪的思想革命留下了宝贵的遗产，希腊人看待宇宙

图 26　诸如卡利马科斯等诗人的诗句原本都是要在七弦竖琴（lyre）的伴奏下吟诵，这就是为什么现代歌曲的配词被称作"歌词"（lyrics）。

的方式刺激并启发了许多与之相互作用的文化。希腊的思想观念引起了广泛讨论，并被其他文化系统和信仰结构所吸收，后者又反过来把它们的观念注入希腊的思维模式之中。因此，许多被我们认为是典型的希腊理念和哲学的成果，实际上却源自这种希腊化时代的思想融合。时至今日，其中一些哲学流派逐渐演变为能够简要概括其特点的词汇。

例如，最早的"斯多葛"[1]是一位名叫芝诺的塞浦路斯人，他在公元前300年创建了斯多葛学派。芝诺起初在一栋公共建筑的"斯多阿"[2]里讲学，这栋建筑位于雅典的"阿果拉"[3]。（"阿果拉"是希腊城市的商业及管理中心，熙熙攘攘，热闹非凡，由此产生了"agoraphobia"一词，用以概括对人群与喧闹的害怕心理，其字面意思为"恐阿果拉"，即"广场恐惧症"。）不过，其理念所传播的范围远远超出了这座城市，后来，经由塞琉古帝国和托勒密王国相关学派的助推，斯多葛思想得以进一步发展，如位于塔尔苏斯和亚历山大里亚的一些学派，便是其有力的推动者。斯多葛主义鼓励其追随者专注于提升自我，蔑视外部境遇的沉浮。在斯多葛学派看来，只要自认为是自由的，那么任何人都是自由的，因为只要你自

---

[1] 斯多葛：Stoic，最初指斯多葛派学者或信徒，如今还有"禁欲主义者"的意思。

[2] 斯多阿：stoa，希腊语，意为"柱廊"，"斯多葛"（Stoic）一词便源于此。

[3] 阿果拉：agora，希腊语，意为"广场"。

己没有做好准备，那么任何外部力量都不能强迫你屈服。按照这样的观点，奴隶之为奴隶，皆是出于他们的自由意志，这些人觉得死亡不好，才选择做奴隶。因此，斯多葛学派对于解放奴隶的兴趣极小（尽管他们认为应该善待奴隶）。实际上，后来古罗马有一位伟大的斯多葛派哲学家，名为爱比克泰德，他以前便是小亚细亚的一名奴隶。而在晚些时候，另一位斯多葛派思想家马克·奥勒留，他在公元 161—180 年曾为罗马帝国的帝王。

图 25　阿特洛司的"斯多阿"，公元前 159 年建于雅典，在 20 世纪又得到修复。

伊壁鸠鲁[1]学派是另一个重要群体，他们详细阐发了古典时代原子论学派的理论。该学派相信，构成身体的原子组合在死亡之际会破碎，经过分解之后，一切都将荡然无存。因此，伊壁鸠鲁派哲学强调活在当下，号召其信徒充分利用现世人生。正因如此，在今天，"伊壁鸠鲁主义者"被认为是美食、美酒和艺术的鉴赏家。

还有怀疑论学派，顾名思义，乃是充满怀疑精神。他们认为被我们当作事实的一切，实际上要么是完全虚伪的，要么至多只是真正现实的一小部分。而且，怀疑论学派对发现真正的现实不抱任何希望。（这一思想在现代又重获关注，事实表明，人类极其有限的感知确实只能领会现实的一小部分。从数据上来看，我们所了解的整个宇宙很可能仅仅是一种计算机模拟。）

至于犬儒[2]学派，他们并不否认全部现实，而是否定文明及其对行为举止施加的人为限制。正因如此，他们才得到了这个轻蔑的名称，其源于希腊语的"cynos"（狗）一词。这一思想的创始人也来自小亚细亚，即锡诺普的第欧根尼，他是亚历山大大帝的同时代人，据说后者曾趁着二人都在科林斯的时候，去拜访过这位哲学家：

---

[1] 伊壁鸠鲁：Epicurean，最初指伊壁鸠鲁派学者或信徒，如今还有"享乐主义者"或"讲究饮食者"的意思。
[2] 犬儒：Cynic，最初指犬儒派学者或信徒，如今还有"玩世不恭者"或"愤世嫉俗者"的意思。

亚历山大发现他（第欧根尼）伸展四肢，躺在太阳底下。当他察觉一大群人抵达时，他抬眼望去，瞧见亚历山大站在跟前。亚历山大向他表示问候，并且询问自己能为他做些什么，第欧根尼回答："你可以往旁边挪一下，你挡住我的阳光了。"……后来，亚历山大说："随便世人怎么想，反正，如果我不是亚历山大，我愿意做第欧根尼。"（普鲁塔克《亚历山大传》，14）

在亚历山大死后的数年间，希腊哲学逐渐发展为希腊化哲学。它们的主要区别在于，后者涉及的许多哲学家既不是希腊人，也没有在希腊生活过。实际上，后来便有一些关于"斯多葛派"芝诺的传闻，说他是腓尼基人的后裔。

科学

希腊对经验主义的发现意味着其哲学远非一种抽象概念。到了希腊化时代，科学才开始正式成为一门学科，希腊人称之为"epistemonikos"，字面意思是"制造知识"。尽管大多数希腊科学都只是观察自然现象并从中得出结论，但还是有一部分具备创新精神的人决定改变那些现象发生的条件，并且观察由此会带来什么不同的结果。这便是最初的实验，没有任何实用目的，只是为了获取知识。

在 17 世纪的启蒙运动之前，希腊化时代可谓充满了历史上最伟大的科学发现。纵观这一时期的科学，有趣之处在于其成果四面开花，颇为分散。锡拉库扎的阿基米德以亚历山大里亚科学家们的工作为基础，而后者则向来自小亚细亚帕加马的科学家们学习，这些科学家又从美索不达米亚的巴比伦获取数据。科学是跨越国界的，却又是希腊化的。

萨摩斯的阿利斯塔克（公元前 310—前 230 年）便是用巴比伦的天文数据进行研究的科学家之一。他首次提出了地球和行星绕着太阳转的假说，由于听起来极为荒谬，以至于 800 年间都无人理睬。后来，就连阿基米德也否认了这一见解，因为最新发现的视差概念证明，如果阿利斯塔克的假设正确，那么星星必须要在数十亿英里以外才行。阿利斯塔克的这一想法是在船上产生的，他观察到越远的物体似乎移动得越慢，由此推导出看似固定在天空中的星星其实都在移动，只是距离远得难以置信而已。因此，从他的独特观点出发，视差并不是问题。

当时还有另一位思想超前的科学家，即加尔西顿的希罗菲卢斯。他出生于小亚细亚，后来搬到了托勒密的亚历山大里亚，在那儿创办了一所医学院。他属于最早一批通过实际解剖来研究解剖学的人，而且他还不惜冒险进行尝试，企图探索人类大脑不同区域的用途。

以前人们相信掌管思维的器官是心脏，而希罗菲卢斯则认定是大脑。

希罗菲卢斯还命名了十二指肠（duodenum），即位于胃部下面的长度为十二根手指（duodeka daktulon，希腊语）的小肠。他能够顺利地实施解剖，从侧面体现了托勒密的远见卓识，因为在世界上的大部分地区，解剖尸体都是违法的，然而在亚历山大里亚，希罗菲卢斯却经常到户外工作，以便让民众可以参与他的解剖研究，聆听他的详细说明。

希罗菲卢斯的著作如今已经散佚了，我们只能通过后世的记载才得以窥见其中的部分内容，比如罗马医生盖伦的评述。根据教父[1]德尔图良的记载，希罗菲卢斯曾对囚犯进行活体解剖，不过教父所言是在很久以后了，而且他对于希罗菲卢斯的几乎所有行为和观点，总是愤然反对，因此其叙述的真实性是值得怀疑的。但有一点，希罗菲卢斯知道心脏是一个泵，若要确切地得出这个结论，最佳方式便是仔细观察正在运转的心脏。此外，他还发现动脉里流淌的只有血液，而并非如亚里士多德所假设的那样，是血液和空气的混合物。（不过，亚里士多德认为动脉把空气运输到四肢，这个观点是正确的，只是当时还没有人能够理解，氧气和血红蛋白是如何一起工作的。）

---

[1]　教父：Church Father，又称基督教早期教父，指古代有影响力的基督教神学家和作家。

图 27　这个埃及托勒密王朝的小型雕像不同寻常地展示了一些象征物的融合，它们分别来自埃及女神伊希斯（如带有绳结的裙子）和希腊女神雅典娜（如头盔）。

　　在本节涉及的杰出科学家之中，欧几里得显得颇为与众不同，在我们谈到的所有"希腊"哲学家和科学家里面，他是唯一一个真正出生在希腊的人，其家乡是墨伽拉城。只是，他很快就纠正了这一点，在年轻时便搬去了亚历山大里亚。他跟希罗菲卢斯不同，后者的研究纷繁复杂、极为实用，而欧几里得却在更加朴素的数学层面上进行探索。尽管我们对他的生平几乎一无所知，但是世人对他的著作却十分熟悉。他写过一本关于几何学的书，内容十分全面，以至于成为这一学科的标准著作，在接下来的两千年间一直折磨着学校里的孩子们，成为风靡时间最久的单本教材。只要研读一下欧几里得的数论，比如完全数和梅森素数之间的关系，便不会认为希腊化时代的希腊人粗鄙原始或者思维简单了。

上面提到的伟大人物，有许多都在亚历山大里亚工作或者受到那里所出成果的影响，这显然并非巧合。托勒密努力把希腊化世界里最出色的头脑统统吸引到自己的新首都来。这既有实用目的，也出于宣传需要：一方面，他意识到科学可以给拥抱它的统治者提供实际利益；另一方面，他想借此展示埃及现在是一个希腊化的国家。

在托勒密所罗致的人员中，有一位雅典的前任官员，即法勒鲁姆的德米特里。这位德米特里曾被马其顿的卡山德任命为地方长官，在公元前 307 年"独眼龙"安提柯之子德米特里入侵希腊期间遭到流放。此人之所以受到托勒密的征招，盖因他不仅是一名政治家，还是一位出色的雄辩家，并且在修辞学、文学批评和历史学方面都著有大量作品。

当此之时，托勒密很可能已经在考虑要建造那座著名的亚历山大里业图书馆了，在此后的古代世界里，它将成为最重要的学术灯塔。许多历史学家都相信，托勒密把着手建设这座图书馆的任务交给了那位多才多艺的德米特里，并让他更新埃及的法典。可以肯定的是，该图书馆的创办完成于德米特里在亚历山大里亚的最后几年中，而且在托勒密的继承者统治期间，这座机构已经发展得十分完善了。

塞琉古帝国效仿托勒密的做法，在新建的安条克城（塞琉古以其子安条克的名字命名）创办了一个学术中心，而马其顿人不甘落后，也在培拉城创办了属于他们自己的学术中心。

宗教

希腊人将世界视为一架机器，这样的观点难免会影响其他宗教对宇宙的理解。在此之前，探索世界的尝试几乎没有任何意义，因为万物的模样皆由众神塑造，万事的发生都出于诸神的旨意。希腊人并未表示反对，他们只是更加仔细地观察一切。所以，一名虔诚敬神的希腊人愿意承认波塞冬造成了地震和海啸，但也愿意进一步思考波塞冬是如何做到这些的。例如，历史学家修昔底德便正确地推导出是地震引发了海啸，因为地震可以突然改变海底的水平高度。现代科学家们也不会否认他的结论，最多只是指出地震动力的源头不是"撼地大王"波塞冬而已。

同样地，希腊人认为他们的神是能够感知的自然力量（宙斯是秩序之神，阿佛洛狄忒是爱之神，伊里斯是彩虹之神，等等）。这使得其他文化的人们更容易以希腊的观点来看待自己的神，通过一种名为"调和"[1]的过程，把在其他方面相去甚远的各种信仰和习俗融入一个更为普遍的宗教框架之中。结果，这一过程在罗马帝国得到了最为深刻的发展；在那里，希腊和罗马的众神被看作完全一样的神祇，尽管有着截然不同的名字。

当希腊人成功地把他们所崇拜的神散播到地中海周围以及中东地区时，他们也反过来接受了几位异域之神加入自己的众神行列，其中就包括来自埃及的伊希斯和塞拉皮斯。（托勒密曾大力推动对后一位神祇的崇拜，因为他发现一位共同的希腊—埃及神祇有助于团结自己的臣民。）也正是在这个时候，对阿提斯的崇拜开始在希腊化世界里流行起来，这是一位来自小亚细亚的弗里吉亚之神。

希腊化国家的希腊文化变成了一种共通的特性，使得人们更容易四处走动了。显然，这不只是对希腊人有利。亚历山大里亚很快便聚集起一个数量庞大的犹太人群体，在一代人的时间之内，这些犹太人中就有许多人讲希腊语了，甚至比讲故乡的希伯来语还要流

---

[1]　调和：syncretism，多译为"综摄"，未免古僻。其源于希腊语"synkretismos"，本意为"克里特岛联盟"。罗马历史学家普鲁塔克在公元 1 世纪的文章中提到，当面对外部威胁时，克里特人总是互相妥协，调解彼此的差异，齐心协力抗敌，这就是所谓的"克里特岛联盟"。后引申指不同信仰的结合以及各派思想的交融，常见于宗教领域。

图 28 一名女子的石棺，出土于大希腊地区，现存于沃尔泰拉的瓜尔纳奇博物馆。

利。结果，摩西五经被翻译成了希腊文，犹太教由此迈出了重要的一步，开始拥有更加广泛的受众。这份最早的译本今天依然闻名于世，被称作"七十士译本"，取自有七十位学者参与翻译之意。

希腊哲学阐明了宇宙不需要诸神经常亲自管理，所以包括伊壁鸠鲁在内的一些哲学家指出，对于人类的繁杂事务，诸神其实没有人们先前所相信的那样感兴趣。不过，近在眼前的"神"也还是有的。希腊观点认为，一个拥有杰出才能的人可以远远超越人类的束缚，他（当时，这种人总是"他"，而非"她"）也就真的成了"神"。

因此，希腊化时代的统治者被当作神明来崇拜也就非常普遍了。在现代人看来，这似乎是最虚假的恭维谄媚，但是我们必须明白，在希腊的宗教信仰中，这其实是顺理成章的，要知道，就连最传统的希腊诸神也有着许多人类的弱点、缺陷和癖好。可以说，希腊化时代的民众对统治者的崇拜有时是非常诚恳而真实的，只是他们看待"神"这一概念的角度跟现代人的思维截然不同罢了。

文学

虽然科学在飞速进步，但是文学艺术却发展得比较缓慢。实际上，那个时代并不缺少作家，据说昔兰尼的卡利马科斯一人便写下了800多本书，只是人们极为尊重昔日的那些伟大作品，导致才华卓著的文人更有可能被雇去编纂荷马的篇章，而无暇撰写自己的作品。

卡利马科斯本人就是一个很好的例子。他出生于托勒密统治期间的昔兰尼，在托勒密的继承者托勒密二世（"恋姊者"）当政时期，他成为一名优秀的学者，那800本书多是文学批评或是对已有作品的文献学研究。卡利马科斯常常谴责前人诗歌冗长，因此自己在进行文学创作时，他总是确保笔下的诗歌短小精悍。

诗歌可能是这一时期最重要的文学形式了，跟前世作品相比，希腊化时代的诗作可以说毫不逊色。根据上面的叙述，这样一个事实是不难理解的，那就是希腊化时代早期的主要诗人都生活于亚历山大里亚，在托勒密的庇护下大放光彩。

> 许多榆树，许多山杨，
>
> 弯腰鞠躬，在头顶沙沙作响，
>
> 近处，圣水从仙女的洞穴中泼洒飞扬，
>
> 繁茂的枝叶间，棕色的蟋蟀声音嘹亮，
>
> 树蛙在浓密的荆棘丛中喊叫，嗓门高亢。
>
> 云雀高歌，金翅雀和鸣，斑鸠悲伤。
>
> 春季的蜜蜂飞来飞去，嗡嗡欢唱。

这是忒奥克里托斯《牧歌》里的片段（《牧歌》7，第135行）。他专注于描述理想化的乡村生活，属于第一批抛弃英雄和神圣主题的诗人。这种独特的描述使此类风格的诗歌获得了"田园诗"的名字。我们对他的生平知之甚少，只知道他显然跟大希腊地区，尤其是锡拉库扎有着很深的关系。后来，他的作品对罗马诗人维吉尔和贺拉斯都产生了重要的影响，并且通过他们，又深刻地影响了18世纪的浪漫主义诗人。

戏剧依然是雅典人的强项，无人能比，这多半要感谢剧作家米南德（公元前324—前290年）。他的作品轻松活泼，主题都来自他那个时代司空见惯的社会生活，诸如爱情、婚姻和道德的两难，以及讨厌的左邻右舍等。这跟米南德之前的喜剧作家阿里斯托芬的强烈政治讽刺形成了鲜明的对比。后者的"老喜剧"所呈现出的风格，经常是语言生动但颇为粗俗，以此残忍地抨击政治家和公众人物（包括苏格拉底）；而米南德的"新喜剧"则循规蹈矩，就算是对掌权者的隐晦批评，他也很少会冒险为之。

可以与米南德一较高下的剧作家是斐勒蒙，他是一位来自锡拉库扎的希腊人，曾经前往雅典实践自己的艺术。跟许多同时代人一样，斐勒蒙也被吸引去过亚历山大里亚，但在埃及短暂停留之后，他又重返雅典。米南德的戏剧多数仅剩断简残篇，或是一段孤立的台词，或为一段幸存的引文；而斐勒蒙的作品流传下来的就更少了，他对后世的主要贡献反而是他自己，他活了将近一百年，度过了希腊化时代的前三分之一。

图 29　一名伯里克利时代的雅典女子正在供奉神明。她穿着传统的连衣裙，但袖子上绣着繁复的花纹。

第四章

由东到西的希腊化世界

在公元前 2 世纪初，一位古代世界的人，假如在喜马拉雅山脉和伊比利亚的大西洋沿岸之间的任何地方见到希腊人，他都不应该感到惊讶。倘若那个希腊人说自己来自附近的一座希腊城市，那也同样不会令人吃惊。即便是在希腊化王国之外，希腊人及其文化也广泛地分散在古代世界的各处，尽管可能只是星星点点。在接下来的两章中，我们将更加详细地考察希腊化时代里希腊人的定居点，研究它们的分布范围和文化，探索希腊人的移民对当地人以及未来所产生的影响。

希腊化文化的强盛有许多重要的优点，其中之一便是它能够将希腊人团结在一起，无论他们身处何方。一名来自埃及的希腊人和一名来自西班牙的希腊人可以在意大利见面，讨论索福克勒斯的戏剧，他们不仅在极为相似的剧场里看过那些戏剧，而且演员说的都是同一种语言。实际上，这种在地中海周围及以外的地区都通用的希腊语名为科伊内语（Koine），本意就是"通用的"。就连那些并非出生在希腊本土的希腊人也会学习这种语言，因为它能带来不少便利，比如，在语言多样化的塞琉古帝国中，科伊内语可以帮助叙利亚人跟帕普拉哥尼亚人以及其他地方的人进行交流。

在某些地区，希腊文化无处不在，并与当地文化不断交融，乃至永久地改变其固有的文化传统。之所以如此，是因为随着希腊化王国的马其顿统治者自称希腊人，当地的精英们很快便意识到，他们变得越像希腊人，其在新政权下得到晋升的机会就越大。可以说，在希腊化君主统治的区域里，引领潮流者基本抛弃或至少显著改变了他们的风俗习惯。那些传统信仰和活动逐渐局限于一些"落后"的乡村地区和农民群体。对此，我们只要看看如下这个民族的改变，便可有极为深刻的体会，那就是最为抗拒被外来文化同化的犹太人。

犹地亚的民众曾经在长达一千年的时间里都严格坚持着自己独特的生活方式，他们抵挡了亚述人、埃及人和波斯人企图改变他们的尝试。但即使如此顽固的民族，在希腊化文化的魅力面前，也有一些人开始动摇了。《七十士译本》中的《马加比书》便有一个很好的例子，可以从侧面反映出这一改变，尽管字里行间还存在着不少偏见：

当时，在以色列出现了一群背离誓言的叛徒，他们误导民众步入歧途。"看吧"，他们说，"我们应该跟周围的外邦人结为盟友，自从与他们绝交以来，我们就遭遇了数不胜数的灾难"。

这一观点被广为接受，许多人向国王（塞琉古）请愿，要求国王允许他们采取外邦人的生活方式。他们按照外邦人的习俗，在耶路撒冷建起了一座运动场，还隐藏割礼的痕迹，抛弃

圣约，甘愿亵渎神明，服从外邦人的规则。（1:11—15）

虽然文化碰撞在以色列演变成了真正的冲突，但在其他区域，同化却静悄悄地发生着，犹如春风化雨，润物无声。尤其是在那些远离海岸城市的内陆，生活一如既往，周而复始。就算那些千里迢迢抵达内陆的异乡人，他们也不会被视为文化规则的改变者，而只被当作一条丝线，可以编织到当地色彩斑斓的传统织物上。这在巴克特里亚以及东方的希腊人身上体现得最为明显。

巴克特里亚

今天，许多人之所以知道巴克特里亚，只是由于当地一个最具特色的物种：巴克特里亚双峰骆驼。早在希腊人征服这片区域之前数千年，这些动物就被驯化了，现在还有一小部分在原产地的野外游荡。对于那些沿着丝绸之路运输货物的商人来说，这些双峰骆驼可谓上天的恩赐。它们有着惊人的吃苦耐劳精神，任何一只健康强壮的巴克特里亚骆驼都能够承受极端的高温，并且在饮食匮乏的情况下，依然可以负重多达 250 公斤，日行将近 50 公里。

正如前文所及，巴克特里亚的许多财富都得益于其地理位置，它坐落在印度文明和波斯文明的交汇处，可以把来自中国以及更远处的货物运往这两个区域。(即便是在这一时期,生长在爪哇岛的香料也能撒在埃及托勒密王朝的晚餐上,尽管产品在途中经过太多次转手,以至于爪哇岛的种植者和希腊的消费者都不知道对方的存在。)

古代的巴克特里亚是一片冲突不断的土地,其确切的政治边界常常在改变,但其地理范围可以被定义为南至兴都库什山脉,北及奥克苏斯河。在山脉与河流之间,有一片带状的沃土,紧挨着兴都库什山脉的山麓,由东向西延伸,另有一条狭长的不毛之地,与奥克苏斯河南边的沙漠相连。

当地人崇拜火神阿胡拉玛兹达,其宗教形式是由先知查拉图斯特拉传下来的,跟基督教等后来的宗教有许多共同之处。正如基督教的信仰一样,琐罗亚斯德教[1]基本上是一神论,包括相信有一位至高无上的神,他有一个邪恶的敌对者,而且双方的追随者都会在一个预言中的世界末日受到审判。也许正因其与亚伯拉罕诸教的犹太教、基督教和伊斯兰教颇为相似,琐罗亚斯德教的信徒一直受到后两个宗教团体不遗余力的压迫。尽管如此,琐罗亚斯德教还是通过当时的希腊化帝国传播到了西方,只是它在那儿也始终立足不稳。

---

[1]　琐罗亚斯德教:Zoroastrian religion,流行于古代波斯及中亚等地的宗教,中国史称祆教、火祆教、拜火教。

亚历山大之所以会在巴克特里亚遭遇阻挠，很可能也是由于他刚开始并不理解琐罗亚斯德教。当地人相信，土葬会污染大地，而焚烧尸体则会亵渎火焰的圣洁，这也就意味着希腊人处理死者的方式会激怒土著居民。更为糟糕的是，亚历山大低估了巴克特里亚人跟北边的索格底亚那行省之间的联系有多么紧密，他企图在经济上和管理上把这片区域划分成两块，结果导致了长达四年的叛乱。当这场叛乱终于被镇压之后，亚历山大便走向了相反的极端，他索性把巴克特里亚和索格底亚那合并为一个行政区，将撒马尔罕作为北方的中心城市，将巴克特拉（即今巴尔赫）作为南方的中心城市。

亚历山大在此地安置了约有 3 万名老兵，但他们并非这片区域中最早的希腊居民，因为在大流士一世统治波斯帝国的时候，便已经有大批希腊城市的反叛者在此定居了，他们都来自爱奥尼亚。这些最初的希腊居民认为自己是流亡者，而亚历山大的军队移民也对自己的命运感到极为不满。正如我们前面所说，亚历山大一死，他们便试图集体移居外地。那次迁出行为被武力所制止，其中一些人还惨遭杀害。从那以后，巴克特里亚便远远地脱离了跟西方的联系，以至于在公元前 308 年，当它受到塞琉古军队的再度入侵，并短暂地又一次加入塞琉古帝国之时，这片区域几乎被认为是陌生的异国领土。

根据后来的地理学家斯特拉博的记载，正是在这一时期，塞琉古跟一位印度国王谈判，用自己掌握的一部分巴克特里亚土地换取了 500 头战象。也正是这些战象，帮助塞琉古在伊普苏斯战役中打败了"独眼龙"安提柯。

图 30　一名身披象皮的骑手小型雕像。这很可能是公元前 3 世纪巴克特里亚的德米特里一世国王。

公元前 245 年，一个名为帕尼的民族迅速占领了塞琉古帝国的东部，建立了一个王国。在接下来的数个世纪中，这个王国首先成长为塞琉古帝国的竞争者，并最终击垮了塞琉古帝国。帕提亚[1]的崛起意味着，一个非希腊的王国及其文化横亘在了希腊人的巴克特里亚和西方之间。自然而然地，从这一时期开始，巴克特里亚的文化也就越来越东方化，而其历史的真实细节也变得越来越模糊了。

虽然巴克特里亚跟西方断绝了来往，但是它的活力却并未减损分毫。这个王国开始通过征服、贸易和外交，与南边的印度国家更加紧密地互动。在公元前 2 世纪 80 年代，巴克特里亚北方的许多

---

[1]　帕提亚：Parthia，指帕尼人建立的帕提亚帝国，又名安息帝国。

地区都不再属于希腊人，而被入侵的游牧部落所占领，不过那个时候，巴克特里亚人已经向南扩张了不少。这样便形成了一个政治实体，或被称作"印度—希腊王国"，或被称作"希腊—巴克特里亚王国"。当地的考古学研究显示，国王们在这一时期依然继续铸造西方式的硬币，而且艺术和雕塑始终保持着鲜明的西方特色，即便是在几个世纪以后也并未改变，尽管那时大多数混血的希腊人都已经变成了佛教徒。

实际上，希腊和印度的双重影响催生了一种艺术形式，在今天被称作"犍陀罗艺术"。该艺术形式在这个地区繁荣了将近一千年，直到公元 7 世纪的穆斯林征服为止。在这种希腊—佛教相互融合的最后一批也是最知名的作品中，便有举世闻名的巴米扬大佛，这两尊宏伟的雕像被刻在砂岩悬崖上，于 2001 年被塔利班的宗教狂热分子炸毁了。

公元前 222 年以前的塞琉古帝国

在巴克特里亚的西边，坐落着塞琉古帝国，它可能是地中海世界里最重要的政治实体，直到罗马崛起为止。这个帝国的名字取自其创始人——"胜利者"塞琉古一世，他曾经是亚历山大麾下的将领之一。在所有的"迪亚多奇"[1]（亚历山大继承者们的共同称谓）中，塞琉古获得权力的道路最为艰辛。他后来统治的土地最初为佩尔狄卡斯所把控，后短暂落入安提帕特手中，又被传递给野心勃勃的"独眼龙"安提柯。塞琉古原本为巴比伦行省的总督，颇具才干，在安提柯掌权后不久便与其发生争执，被迫逃往埃及，向托勒密寻求庇护。

随着安提柯的势力不断扩大，其威胁也越来越大，于是由塞琉古主导，成立起一个联盟，旨在接受挑战，抑制安提柯的肆意扩张。他们与安提柯在加沙附近摆好阵势，准备一决雌雄。恰在此时，塞琉古受托勒密委派，率领一支小部队重返巴比伦，恢复了对它的管辖，当地人也怀念并认可他的统治。以巴比伦作为基础，塞琉古立即着手扩大自己的领地，并逐渐从托勒密的依附者变成一个独立自主的国王。如前所述，他在东方的征战使他获取了后来在西方用以对抗安提柯的资源，此后，塞琉古充分利用自身条件，基本成为继业者国王中最强大的一个。对他的强盛之路，历史学家阿庇安曾有过描述：

当安提柯在战役中被杀以后，曾经与塞琉古结盟联合对抗

---

[1] 迪业多奇：diadochi，希腊语，意为"继业者"。

安提柯的国王们，便开始瓜分安提柯的领地了。塞琉古得到的部分包括整片叙利亚地区，从幼发拉底河直至海边，内陆部分深及弗里吉亚。

通过诉诸武力或外交谈判，塞琉古耐心地等待、寻找每一个可以把自己的统治扩展到邻国的机会。凭借这种方式，他成为美索不达米亚、亚美尼亚和卡帕多西亚的统治者，并征服了波斯人、帕提亚人、巴克特里亚人、阿里安人、塔比里人、阿拉霍西亚人、索格底亚那人、赫卡尼亚人以及其他亚历山大曾经在战争中征服的民族，其分布区域最远抵达印度河。

这样一来，他在亚洲统治的面积便超过了除亚历山大之外的任何一个统治者，从弗里吉亚往东到印度河的一切都在其掌控之下。他甚至还跨越印度河，向印度国王桑德罗克图斯（即旃陀罗笈多·孔雀）开战，这场战争最后以一份友好条约和一场联姻而告终。（《叙利亚战争史》，11.55）

当塞琉古还是亚历山大手下的一名将领时，他就曾经考虑过要回到自己的出生地马其顿。按照当时希腊人的通常做法，塞琉古在远行之前征询了一位祭司，以便确保这趟旅途的顺利。结果，祭司强烈反对此行，并且劝告塞琉古，"切勿着急前往欧洲，于你而言，亚洲更好"。

因此，塞琉古直到 70 多岁才重返家乡。那时，他已经把帝国的许多地方都交给自己的儿子安条克来管理了，而他则率军西行，要把帝国其余的部分拓展到色雷斯。在路上，塞琉古遇到了托勒密的长子（"雷霆"托勒密），并带其同行。此前，这位长子怒气冲冲地离开了埃及，因为托勒密有意让次子"恋姊者"托勒密来继承王位。

作为一名能征善战的将领，塞琉古不出所料地击败了他的敌人，应该很快就可以把色雷斯和马其顿都添进自己的领土了。然而，当此之时，他却惨遭杀害，凶手正是受其庇护的"雷霆"托勒密，这名忘恩负义的刺客很可能想趁机夺取马其顿王国。正义没有耽搁太久，尽管年轻的托勒密成功地控制了马其顿和希腊，但是他很快就被入侵的加拉太部落打败、俘获并处决了。不过，塞琉古的遇害使得塞琉古帝国的西部边界再也无法扩展到赫勒斯滂以西了，从而，马其顿依然是一个独立的王国。

塞琉古帝国的两座主要城市是叙利亚的安条克和底格里斯河畔的塞琉西亚，二者皆为塞琉古所创建，他原本打算将其分别作为西部和东部的中心，就像双胞胎一样。然而，塞琉古的继承者们把注意力主要都放在了西部，这也是东部慢慢脱离塞琉古帝国控制的一个因素。塞琉古被刺杀的消息一经传开，几乎立即便出现了起兵造反的情况，安条克一世不得不赶紧处理这些分散在各地的叛乱。他镇压了叙利亚的暴动，可是在小亚细亚地区却不太顺利。卡帕多西亚曾经被纳入塞琉古帝国，但他们并未心甘情愿地俯首称臣，如今时间才过去不久，倔强而叛逆的卡帕多西亚人便又一次成功地宣示了自己的独立。在西北部，比提尼亚则成了安纳托利亚海岸上的一个独立王国。

或许是为了分散塞琉古军队的注意力，比提尼亚的统治者尼科梅德斯邀请四处劫掠的加拉太部落到安纳托利亚来，让他们把这里当成自己的家，可以不必拘束。而加拉太人当时正在马其顿受到粗暴的对待，于是便在公元前 278 年接受了这一提议。这群入侵的蛮族人给安纳托利亚造成了极大的破坏，致使大量人员伤亡，3 年后，他们遭遇了安条克及其军队。加拉太人以前从未见过战象，事实证明，正如 30 年前在伊普苏斯一样，这些战象成了取胜的关键。从那以后，加拉太人便被困在安纳托利亚内陆的荒芜高地上，直到古代时期结束，他们都没有离开那儿。不过，从比提尼亚的尼科梅德斯的角度来看，分散注意力的办法还是成功了，塞琉古军队没能阻止他的王国变得更为稳固。

尽管战胜了加拉太人，塞琉古帝国却日渐衰微。辽阔的疆域及其复杂多样的社会情况，决定了这个帝国几乎不可能由一个人来掌控全局。安条克任命他的长子为总督，并尝试将东部的领土交给他来管理。这一方案的合理性是显而易见的，但其缺陷也明摆着，那就是这个儿子很快便发觉自己更愿意当一名不受约束的君主。然而，小心谨慎的安条克一直都密切留意儿子的举动，趁其打算当上独立国王的计划尚未变成现实，便抢先一步以谋反的罪名处决了他。

安条克在位 20 年，后期经常四处奔波，解决争端，压制叛乱，疲于应付。塞琉古帝国与埃及摩擦不断，因为托勒密王朝对这片名为科伊勒—叙利亚的地区一直虎视眈眈，尤其是南部的黎凡特和加沙。自公元前 301 年夺取此地以后，托勒密王朝便顶住塞琉古帝国的强大压力，将其牢牢握在手中，并且还不时地尝试把自己的势力进一步扩张到北边。比提尼亚的邻国帕加马从未成为塞琉古帝国的一部分，尽管塞琉古一直虚张声势，坚称它是自己的领土。安条克晚年企图把父亲的这一主张变为现实，很可能也想以此作为收回比提尼亚的开端，但在萨迪斯附近败给帕加马人之后不久，他便抱憾而终，壮志未酬。

下一位塞琉古国王安条克二世似乎注定要子承父业，成为一名帝国的消防员，因为战争和叛乱犹如燎原之火，在各地熊熊燃烧。当他正全神贯注地投入到跟埃及的又一次无休止的战争时，帕尼人趁机在塞琉古帝国的内陆地区建立了帕提亚王国，由此切断了巴克特里亚跟西方的联系。无奈之下，安条克不得不放下身段，先与托勒密王朝修好，但最终的结果却难如人意。

为了集结兵力对抗帕提亚人，安条克二世需要跟埃及人达成和解。于是，他答应迎娶托勒密公主贝勒尼基，并且承诺这场联姻带来的孩子将继承塞琉古帝国。作为回报，他得到了十分丰厚的嫁妆，这或许也是为了弥补他，因为这场新婚姻要求他必须与现任妻子劳迪丝断绝关系，并且将她跟孩子们一同流放。劳迪丝不愿接受这一安排，便立即开始密谋策划，企图重获自己先前的地位。有一点对她帮助很大，那就是她的前夫有一个不良嗜好，经常举办宴会，饮酒狂欢，而且据说在席间常跟年轻的男性宾客举止亲密，这一行为令其新婚妻子颇为不快。安条克跟贝勒尼基逐渐疏远，终又回到了劳迪丝身边。人们普遍怀疑，是劳迪丝毒死了她那不忠的丈夫，趁其还没来得及再次改变主意。

安条克一死，劳迪丝便马上宣布自己与亡夫所生的儿子为国王塞琉古二世，与此同时，她在安条克城的支持者们也迅速杀害了贝勒尼基及其幼子。塞琉古二世甫一继位，便需打起精神迎接不可避免的托勒密国王的入侵，因为后者对于自己妹妹的死亡感到极为愤怒。塞琉古帝国愈加衰微。托勒密成功侵入，夺取了塞琉古帝国在地中海周围的大部分领土，包括叙利亚，此外还有东部的许多地区。不过，托勒密在埃及还有不少问题要处理，最终迫使他率领军队撤回了自己的领地，这对塞琉古来说可谓不幸中的万幸了。

由于塞琉古二世的上台方式并非光明正大，因此被害先王安条克二世的拥护者便渐渐疏远了他。于是，一大批贵族转而支持已故国王的更小的儿子，一个同样名为安条克的青年，由于贪婪和掠夺的本性，他有着"猎鹰"的绰号。

在花费了相当大的工夫之后，塞琉古二世重新获得了对叙利亚地区许多部分的控制权。此后，他便转向了小亚细亚，在这里，他那反叛的弟弟和几个不同的独立王国正兴风作浪。在公元前235年的安卡拉战役中，塞琉古被弟弟打败。他并不死心，决定碰碰运气，试着去征服帕提亚人，结果又一如既往地屡战屡败。公元前225年，他从马背上掉下来当场摔死，这对他的帝国而言，也许不算坏事。他的儿子作为塞琉古三世统治了两年，主要忙于应付安纳托利亚的战争，他在指挥打仗时表现得极为愚蠢，以至于激怒了部队里的军官，反被杀害。

这样，权力落到了塞琉古二世的一位较为年轻的儿子手中，他便是杰出的安条克三世，帝国由此得以复兴，他也赢得了"大帝"的称号。在其统治下，塞琉古帝国将达到鼎盛时期，继而遭遇罗马军团，致使国运急转直下。

塞琉古文化

在西方人眼中，塞琉古帝国经常被视为希腊人企图将中东大部分地区希腊化的一个"失败"尝试，这一看法是当代人基于西方殖民主义在世界上其他地方所扮演的角色而言的。实际上，20世纪晚期的历史学家们已经指出，希腊化文化的传播主要是无意识的。

诚然，塞琉古诸王确实是希腊化的积极推行者，不过这很少是出于意识形态的考虑，更多的是因为，他们把希腊的语言和文化看作一种共同的因素，有利于将风俗传统迥然相异的各民族团结在一起。而在某些地方，假如采纳本土文化比较有利，那么塞琉古诸王便欣然改变策略，接受异域文化，就像在其他地方推广自己的文化一样热情。从一开始，"胜利者"塞琉古就通过迎娶索格底亚那公主阿帕玛来表明，其最终目的是希腊文化和东方文化的融合，而非一种文化对另一种文化的压制。

这种非意识形态的希腊化，在打仗中体现得最为明显。所有战场都以极端的达尔文主义为原则，优胜劣汰，适者生存。正如斯巴达人先前所发现的那样，如果为了怀旧情绪或政治立场而坚守希腊的传统战斗风格，那么很快就会输给更为有效的战略战术。塞琉古帝国固然保留了经典的马其顿方阵——众人组成紧密厚实的方块，装备着特殊的长矛，其长度可使第二、三排的矛头直接攻击敌军。不过，他们还是把步兵的长矛做得更长了，并且将完全不属于马其顿的刀轮战车和战象加入方阵之中。此外，塞琉古帝国的许多民族都擅长骑马，统治者也就没有从这些民族中强征步兵来补充方阵，而是给予选择的自由，让他们能够以自己的传统方式来作战。实际上，这为塞琉古军队增加了用于侦察的轻骑兵以及用于游击和治安的骑射手，后来还有装备沉重的铁甲骑兵，那就相当于古代战场上的坦克。这些骑兵种类多数都未曾在亚历山大的军队中出现过。

当然，塞琉古军队的核心还是步兵方阵，尤其是一支名为"银盾兵"的精英部队，不过有迹象表明，只要身体素质达标，社会地位合适，无论来自什么种族，都可以申请加入这支部队。一般而言，除了辅助的骑兵部队之外，希腊化帝国的统治者很少会征募当地人，他们更愿意从那些移民不断创建的新城市中征召希腊人和马其顿人加入军队。

就像托勒密王朝一样，塞琉古帝国继续实行波斯人早期的封建制度，只是稍作改变而已。士兵们均可获得大片田地，尤其是方阵步兵，在不打仗的时候，他们便以耕种为生。这样做有双重好处，既能够让军队在休战期间养活自己，又可以让士兵们充分意识到自己依赖国王提供农场，因此，他们也就更乐于坚定不移地支持国王。许多老兵被故意安置在有可能发生动荡的地区，有时候这些军事殖民地会增建壁垒，由现役士兵把守。国王们还会构筑城堡，以此来保护战略要塞、贸易路线与河流渡口，其中便有许多堡垒凭借自身条件跃升为大城市的核心，比如杜拉欧罗普斯。

除了这些半自发形成的城市中心以外，塞琉古诸王还在帝国各地人为地创建了数百座新城市，这也大都出于非常实际的需要，即城市是有用的经济和管理中心。当然，国王们会在这些城市里推行希腊化，但那主要是为了鼓励来自希腊大陆的移民定居于此，因为他们不愿意接受希腊化以外的生活方式。

应该说，塞琉古诸王从未试图改变新城市所在地固有的文化传统，后来，这种近乎普遍的容忍出现了一个例外，那就是犹太教。不过相对来说，在这一情况中，文化帝国主义的因素仍然很少，更多的是因为固执的犹太人屡屡犯规，而犹太文化和宗教是犹太民众持续抵抗塞琉古帝国统治的背后动力。假如塞琉古诸王想抑制犹太教的话，那也并非因为他们反对其中所蕴藏的信仰和文化，而是因为他们看到，没有了犹太教，犹太人便更有可能停止叛乱。倘若一种文化传统能够欣然接受塞琉古帝国的统治，就像巴比伦人的文化一样，那么国王们不仅不会反对它继续存在，而且还会积极地拥抱它并加以促进。

犹太人之所以拒绝接受乃至强烈反对塞琉古诸王，其中一个重要原因是他们恪守一神论，而塞琉古诸王则以神祇或者半神的姿态出现在民众面前，声称他们自己处于"异教神"阿波罗的特殊庇佑之下。（阿波罗的形象经常出现在塞琉古硬币的反面。）我们可以看到，塞琉古诸王没有以一个特定的"皇城"为基地，而是实行一种事必躬亲的君主政治。国王总是四处奔波，宫廷也就居无定所，之

图 31　阿尔忒弥斯的雕像，当时她是小亚细亚的一位重要女神，尤其在以弗所更是如此。她胸前的物品象征着生育能力，很可能是葫芦。这是古典时代的复制品，原作属于几何时代。

图 32 女巫的守护女神赫卡忒在交叉路口得到供奉。古代的"交叉路口"在今天被称作丁字路口，因此一件有趣的小事是赫卡忒的罗马名字是特里维亚（Trivia，即 Tri-via，意为三条通路）。

所以如此，部分是出于军情需要，部分则是由于国王定期巡视乃维持其统治的一个实用措施。至于那些在巡视路线之外的城市，国王也会利用各种手段维系它们跟自己的关系，包括提供保护、赏赐财物、赋予特权以及鼓励对统治者的崇拜和神化等。国王还会在重要的城市兴建庙宇或其他公共建筑，并且在发生洪水、地震等自然灾害之后，对忠心耿耿的城市予以王室资助。比如，在遭遇坠马意外前，塞琉古二世最后所做的事情之一，便是派遣装满玉米和木材的船只前往地中海的岛屿城市罗德，其时那里刚刚经历了一场地震，损失惨重。

在不归国王直接统治的地方（塞琉古诸王大部分时间都待在叙利亚，在情况允许的时候会拜访伊朗），则会设立总督，把管辖权交给国王的“朋友们”，主要是立下功劳的马其顿朝臣和前任将领，不过在有些时候，如果能够找到值得信赖的候选者，也会选择当地人。（由于对一位伊朗贵族的可靠程度判断失误，导致了帕尼人的叛乱和公元前 247 年帕提亚帝国的建立，那人名叫安德拉戈拉斯。）在总督治下，几乎没有标准化的政府，这是帝国的多样性使然。在城市已经存在或者刚刚创建的地方，城市要负责管理其“科拉”（chora，希腊语，意为“乡村腹地”）。在其他地区，当地贵族可以一如既往地管理一切，就像亚历山大和希腊人到来之前那数个世纪一样。

第五章

马其顿与埃及

因为东方的征服者是马其顿人，所以如果认为马其顿本身是希腊化时代最强大的王国，那么这样的推论可谓合情合理，但却并不正确。实际上，情况远非如此。虽然马其顿并非毫无建树，但无论是在思想成就还是在军事力量方面，它始终都比不上塞琉古帝国或托勒密王朝。而且，后两者不仅没有对其"母体"表示出应有的尊重，反而将马其顿王国视为权力和领土游戏中的另一个玩家，除了解决他们自己的宫廷内斗以外，便是以马其顿为对手了。

从社会关系方面来看，马其顿也有点像局外人，它依然保留着南边希腊人抛弃已久的早期君主政体。不过，跟其他新出现的国王相比，马其顿国王却显得更加讲求实际而平易近人。在马其顿的政治和管理中，传统的贵族阶级依然扮演着相当重要的角色。贵族成员们认为，国王在作出任何重大决定之前，都应当先咨询他们。东方王国里的普通民众习惯于被要求将统治者当作神祇来崇拜（实际上，在某些情况下，这种要求源自那些愿意把统治者当作神祇来崇拜的普通民众），而马其顿人则坚定地相信，他们的统治者也是凡人。正如东方的国王一样，马其顿国王也有一夫多妻的特权，其中一个重要的原因，在于多名妻子可以让外交联姻变得更加容易。

在众多希腊化王国中，马其顿还有一个独特之处，即它是这个时代里唯一一个真正的单一民族国家。马其顿乃是由一名马其顿人统治的马其顿民族。相比之下，远在南边的希腊人分裂成了数百个互相竞争的政体；在埃及，北方的各个城市是一种不甚稳定的杂糅体，融合了当地文化、希腊文化和闪米特文化，而且统治者的种族和文化跟那些住在国家心脏地带的居民截然不同。至于塞琉古帝国，其代表的并非一个民族，而是几十个民族，它们除了拥有同一个统治者之外，几乎没有共同之处，况且那位统治者还不属于帝国的任何一个土著民族。简而言之，从某种程度上来说，马其顿作为一个国家的完整程度超越了当时的任何国家，包括方兴未艾的罗马政权。

这种民族统一能够实现，部分原因是马其顿人所处的地理环境。马其顿的核心是南部地区，那是一片位于阿里阿克蒙河与阿克西厄斯河之间的肥沃平原，但是在腓力二世以前的数代人之中，马其顿人已经向北、向西扩张了，在这个过程中吸纳了几十个曾经独立的部落。除了爱琴海沿岸的边界以外，马其顿的自然边界都是山脉，比如奥林波斯山脉，将这个王国跟希腊的剩余部分隔开，又如罗多彼山脉，将马其顿与东边的色雷斯隔开。

马其顿人觉得他们生活在一个相对较小的王国里，周围环绕着各式各样的敌人，这种看法也不无道理。南边是希腊半岛，自从腓力二世时代以来，那里的城市便一直臣服于马其顿，他们几乎都对此感到不满。东南边是伊庇鲁斯王国，那是一个强大的联邦国家，但它总是忙于处理内政，无暇抓住马其顿有时出现的可乘之机，这

图33 碗内描绘了一名女子，其穿着打扮和发型皆属于希腊化时代。日期未详。

对后者而言实属幸运。

这种可乘之机多半是由于马其顿必须把部队调遣到北方和东部，去抵御蛮族的袭击，这些袭击偶尔还会升级为全面侵略，比如在公元前3世纪80年代，加拉太人就作过类似的尝试。马其顿人经常抱怨，南边的希腊人之所以有空沉溺于城邦之间的争吵与不和，是因为北边的马其顿在独自承受蛮族的攻击，而且既无人感激，也无人援助。实际上，在公元前5世纪，当南边的希腊人屈尊注意到马其顿人时，他们也只是对后者嗤之以鼻，嘲笑这个北边的民族粗野和落后。

然而，马其顿人远非消极被动的受害者，对此，色雷斯人有着切身的感受。东部那些矿产丰富的地区引诱着马其顿国王不断地寻找机会，以便夺取色雷斯的领土，使其为己所用，而且人们早就公认，作为战士，马其顿人是顽强有力而颇难对付的。

政治历史

作为一个完全统一的单一民族国家，马其顿的历史开始于公元前 4 世纪早期，当时的统治者是阿明塔斯三世。马其顿曾一度隶属于波斯帝国，在它恢复独立之后，又过了五十年左右，阿明塔斯领导了向北扩张的战役。他们原本可以更早挥师北上，但此前，马其顿人一直专注于抵御雅典人的掠夺性进攻。雅典人跟马其顿人一样，垂涎色雷斯的丰富资源。只有当雅典人在伯罗奔尼撒战争（公元前 431—前 404 年）中被彻底击败以后，马其顿人才得以实现北征的计划。

马其顿的高度统一为其国王提供了更多的人力和物力，推动后来的腓力二世入侵色雷斯以及占领希腊南部。接下来，腓力的儿子亚历山大又用马其顿军队征服了波斯，并且创建了东方的希腊化世界。然而，马其顿本身从这次扩张中几乎没有得到什么好处。首先，为了供给亚历山大的军队，这个国家的军事人力资源都消耗殆尽。即便在服役期满之后，大部分士兵都没有返回马其顿，而是作为军事殖民者（带着各种程度的不情愿）留在了亚历山大的新领地。其次，为了对军队提供各种支持，从金属工匠到造币者、蹄铁匠等，一群手工艺人才也都跟随士兵同行，后来这些人便留在了新征服的土地上，寻觅商机，从中获利。出于同样的原因，许多商人也都离开了马其顿和希腊。如此一来，他们的故乡便失去了能力卓越的工匠和创新者。

嗣后，塞琉古帝国和托勒密王朝相继崛起，东方的新王国由此变成了竞争对手，而不是盟友，并且对马其顿的自治权造成了威胁，就像当初的波斯帝国一样。首先是塞琉古帝国的直接威胁，尤其是在早期君主的统治下，"胜利者"塞琉古在公元前 281 年的入侵未遂便是证据。其次是托勒密王朝的影响，虽然没有那么直接，但同样危害甚大。托勒密诸王很想经由克里特岛和塞浦路斯把自己的领地扩展到地中海周围，他们在不同的场合下试图贿赂希腊城邦，以便让它们转变效忠的对象。雅典自然是目标之一，因为它不仅拥有强大的海军传统，而且自腓力二世时代以来，这个城邦便对马其顿怀有天然的反感。雅典雄辩家德摩斯梯尼对腓力二世曾有这样的描述：

> 不是希腊人，甚至也不是希腊人的亲戚。即便作为一名蛮族人，他也并非来自什么了不起的地方。他只是一个微不足道

的卑鄙小人，出生于马其顿，在那里，甚至都无法买到一名体面的奴隶。(《反腓力辞第三篇》，31)

雅典人曾屡次起兵反抗马其顿，第一次是在公元前 336 年腓力二世死后，再一次是在公元前 323 年的拉米亚战争中，又一次是在公元前 268—前 262 年的克雷莫尼迪恩战争中（当时托勒密二世也积极地帮助他们对付马其顿人），还有一次是在公元前 224 年。更有甚者，不只是雅典人对马其顿的统治者难以顺从，其他希腊城邦，或单独行动，或互相结盟，也都不时地图谋独立。因此，马其顿国王也就不得不采取措施，在抵御东部和北部边界蛮族入侵的间隙，他们都会赶紧派军南下，加以应对。

安提柯王朝

亚历山大死后，马其顿曾经被安提帕特统治过一段时间，佩尔狄卡斯派这位将领去担任总督，代替亚历山大的孩子们管理希腊和马其顿。公元前 319 年，安提帕特在临终之际竭力避免将摄政权传给他的儿子——那位不择手段、野心勃勃的卡山德，然而卡山德还是得到了摄政权。在上台以后的数年间，这位新任"摄政王"一直都忙着暗杀、下毒和处决亚历山大的亲戚们，除掉了他觉得有可能觊觎王位的所有人，并且害死了亚历山大的妻子罗克珊娜和母亲奥林匹娅丝，这样做既是为了防备她们支持任何竞争者，也是为了阻止奥林匹娅丝干政。至公元前305年，卡山德在马其顿的地位已经足够稳固，便自立为王，这个头衔他享用了八年，直到患病而亡。此后，他的家族便在宫廷内讧中四分五裂，为安提柯王朝扫清了通往继承权的道路。

安提柯诸王皆出自"独眼龙"安提柯的家族，其子德米特里曾经短暂地夺取过马其顿王位，在他那变幻无常的生命中，这算是比较成功的时刻。德米特里的儿子是"戈努斯"[1]安提柯（公元前277—前239年），他使这个国家从接近无政府的混乱状态中恢复过来，从而为安提柯王朝树立了威信。之后，他又制止了托勒密王朝和伊庇鲁斯王国对希腊南部的干涉，在那里重建马其顿的主导地位。虽然"戈努斯"安提柯是一位杰出的将领，但他还是不想浪费军事资源，而是希望通过外交手段达到自己的目标，当然，他在外交方面同样才华出众。他设法在爱琴海确立了马其顿海军的霸权，不过，到公元前239年，当他以80岁高龄去世时，托勒密王朝不断制造的种种阴谋使得马其顿对希腊南部的掌控已经有所削弱。

斯多葛派哲学家芝诺是"戈努斯"安提柯事业的重要精神力量

---

[1] 戈努斯：Gonatas，希腊地名，其在希腊语中又有"膝盖护甲"之意，故这位安提柯二世何以得此绰号，未可遽断，或谓其可能出生在色萨利的戈努斯。

图 34　当时的一件商船浅浮雕。这类船舶在地中海各处从事交易，几乎很少考虑此期的政治边界，因为各类统治者都鼓励贸易。

之一，在他的影响下，这位君主将自己的国王身份视为一种"高贵的奴仆"，以服务于他所统治的民众。"戈努斯"安提柯跟他的儿子（另一位德米特里）关系很好，这对于希腊化王国的君主来说很不寻常。他非常信任他的儿子，甚至允许其率领一支军队跟伊庇鲁斯作战。实际上，到"戈努斯"安提柯去世之时，德米特里差不多已经是半个当家人了。在他成为马其顿的独立统治者德米特里二世以后，军事问题便占据了其大部分精力。他率兵对抗伊庇鲁斯人（他们正在经历一个军事扩张和政治混乱的时期），并击退了伊利里亚人和埃托利亚人的入侵。历经十年苦战，他终于还是在一场抵御达尔达尼亚部落的战争中被打败，其后不久便与世长辞。

图 35　尽管遭到破坏，但这尊半身像还是展示了亚历山大里亚雕塑者的高超技巧和工艺水平，这是按照希腊古典传统进行创作的。

　　德米特里的儿子年纪尚幼，无法履行君主之职，便由一位被称作"许诺者"安提柯的亲戚出任摄政王。他刚上台便表现出卓越的才能，先是驱逐了阻挠前任君主的达尔达尼亚人，又镇压了趁德米特里之死而在色萨利爆发的一场反叛。之后，在军队的热情支持下，"许诺者"安提柯巧妙地把摄政权变成了君主权，成为马其顿国王安提柯三世。按照马其顿王朝政治的一贯作风，这意味着德米特里的幼子肯定活不成了，然而，尽管"许诺者"安提柯从男孩儿手中夺走了王位，却并未伤害这名少年，反而将其指定为自己的继承人。

当上国王以后，"许诺者"安提柯也同样忙于军务，无暇他顾。其中一个麻烦来自野心勃勃的斯巴达国王克莱奥梅尼三世，他梦想着恢复自己的城邦在伯罗奔尼撒半岛的统治地位。安提柯王朝的统治者大多善用外交手段，"许诺者"安提柯也不例外，他促成了马其顿跟希腊城邦的结盟，在公元前 222 年的塞拉西亚战役中大败斯巴达人。然而，希腊的硝烟尚未散尽，"许诺者"安提柯又不得不率军北上，去处理伊利里亚人对马其顿的又一次入侵。他虽然再度获胜，却也为这场战役付出了生命的代价。德米特里的儿子继承了王位，成为腓力五世。

腓力五世跟同时期叙利亚的安条克三世非常相似，也是一位出色的统治者。如果不是崛起的罗马势力打败了这两位国王，令他们一蹶不振，那么腓力和安条克原本有可能把希腊化王国提升到一个崭新的高度。

埃及托勒密王朝

在亚历山大死后，其将领托勒密决定夺取埃及，并准备牢牢地守住这个王国，而且只要这一个王国，这样的想法大概令他的同时代人都感到十分困惑。对于其他继业者将领而言，即便托勒密给他们机会，埃及也肯定不是首选。这个王国跟地中海世界的其余部分之间隔着沙漠与汪洋，几乎没有什么向外扩张的可能性。埃及人曾经冷酷而坚决地抵制过波斯征服者，这充分表明，作为一个独立了数千年的民族，他们对自己的传统十分骄傲，绝不会轻易臣服于一名外来的君主。但是，托勒密不仅声称埃及是他的王国，而且为了巩固自己在那里的统治，他还断然拒绝了接管其他领地的机会。结果，一开始被大家最不看好的这片土壤，可以说最为成功地绽放出所有希腊化王国中最灿烂的花朵。

托勒密时期的埃及历史还有一个令人更为困惑的事实，那就是它的每一位国王都叫托勒密。（这支血脉结束于托勒密十五世，他也被称作恺撒里昂，得名于其父尤里乌斯·恺撒。）让情况加倍复杂的是，托勒密国王习惯于迎娶近亲女性，不管对方是姐妹、表姐妹、堂姐妹、姨妈还是姑妈。而这些女性总是叫贝勒尼基（Berenice，意为"带来尼基[1]的人"，即"带来胜利的人"）、阿尔西诺伊或克娄巴特拉。因此，托勒密十五世之母克娄巴特拉是托勒密十四世的遗孀兼姐姐，也是埃及第七位克娄巴特拉。

---

[1] 尼基：Nike 或 Nice，在古希腊宗教中是代表胜利的女神。

王室近亲通婚并未令托勒密王朝的臣民感到烦恼不安。对希腊人来说，那是因为他们的国王都声称自己是神祇，而近亲婚配在希腊诸神之间非常普遍（就连众神之王宙斯都迎娶了自己的姐姐赫拉）。对埃及人而言，则是因为他们的法老据说在数个世纪里也一直都沉溺于这样的习俗中（至于是否真的如此，现在已经难以确定）。而且，这种频繁的近亲结合似乎并没有对这支血脉造成明显的危害——克娄巴特拉七世引诱马克·安东尼，利用的不仅仅是自己的外表，还有迷人的魅力与聪明的头脑，更何况根据历史学家普鲁塔克的描述，她的相貌最多只是平平罢了。

兄妹或姐弟的婚姻也没有损害托勒密诸王作为埃及统治者的名誉，而他们被土著居民所接受的原因，乃是他们在埃及人面前把自己打扮成传统的法老。事实证明，本地的埃及人更在意他们的法老是否住在埃及，其行为举止（至少在公众场合）是否表现得像传统的君主一样，相比之下，这位法老是否来自异域就显得不那么重要了。在描绘托勒密诸王的埃及雕塑及艺术作品中，统治者身着埃及王室服饰，对埃及诸神毕恭毕敬。因此，尽管有不少研究曾准确地指出，希腊化思想在埃及托勒密王朝的许多地方都颇为盛行，诸如亚历山大里亚、昔兰尼以及一些所谓的"希腊"城市，但实际上，埃及文化也有着属于自己的小小复兴。现代旅行者所参观的许多埃及庙宇基本上都修建于托勒密时期，比如菲莱神庙、埃德夫神庙和丹德拉神庙等。

托勒密一世

埃及第一位托勒密的母亲叫阿尔西诺伊。在后来的官方宣传中，托勒密声称腓力二世是他的父亲，反正亚历山大已死，他就把自己当成了亚历山大同父异母的哥哥。如此一来，他的真正父亲原本是谁，反倒有些说不清楚了，不过满怀疑虑的古代历史学家们还是否定了托勒密的说法，认为他的父亲是拉古斯，一名默默无闻的马其顿贵族。

托勒密是亚历山大的童年好友，后来成为其最信任的将领之一。在亚历山大死后掌权的摄政王佩尔狄卡斯对托勒密也很信任，不过正如我们所看到的，当托勒密被派去埃及镇压造反的总督克莱奥梅尼时，他却直接取代了总督的位置，并且得寸进尺，干脆劫下亚历山大的遗体，隆重安葬在亚历山大里亚。虽然他口头上服从亚历山大的继承人，但实际上，托勒密是完全独立自主的，而且大家对此也都心照不宣。

经过几场战争以后，这种情况便无须遮掩了，当时不断加深的王朝争斗导致亚历山大大帝的血脉彻底灭绝。托勒密便效仿前任摄政王"独眼龙"安提柯的做法，宣布自己为国王。之后，正如我们前面所述，托勒密和其他的继业者将领（后来也都成了国王）便缔结联盟，合力打倒了安提柯。

到公元前3世纪80年代，当其他继业者还在忙于战争之时，埃及的新统治者托勒密却已经安安稳稳地坐在天然屏障后面，冷眼旁观他们的争斗，并开始思考有关学术文化的事务了。实际上，他正在考虑要修建著名的亚历山大里亚图书馆及博学园。理所当然地，托勒密也迎娶了一位名叫贝勒尼基的女人，并跟她生下了一个小托勒密。

托勒密二世

这位托勒密以绰号"恋姊者"跟他的父亲区别开来。（第一位托勒密有时也被称作"救星"托勒密一世，尽管我们并不清楚他究竟拯救了谁或者拯救了什么。）"恋姊者"（Philadelphos）一词本来包括对兄弟姐妹的爱恋，但这位托勒密所恋，当然不是他的哥哥，因为其兄长在发现自己不可能继承

图36　金币上描绘的埃及托勒密二世，约公元前272年。

王位时便离开了埃及。他的这份感情无疑是面向其姐姐阿尔西诺伊二世，她后来便嫁给了他，而他则跟自己的第一任妻子阿尔西诺伊一世断绝了关系，那是马其顿国王的女儿，也是托勒密二世的继承者托勒密三世的母亲。除了自己的姐姐以外，托勒密还跟许多情妇和妓女都保持着亲密的关系，这使他的朝廷不免落下道德沦丧的坏名声。

埃及人都知道这位统治者是"强大的拉神之子，阿蒙宠爱的幸运儿"，在埃及雕塑中，他穿戴着典型的法老头巾和服装。这种对埃及宗教和传统的迎合，非常有利于托勒密二世为他的埃及臣民所接受，尽管他们的新法老实际上出生在希腊的科斯岛上。

不出所料，由于有一位重视学术文化的父亲，托勒密二世所接受的教育便来自当时所能找到的最为杰出的老师。所以，尽管他的私人生活荒淫无度，但在他统治期间，埃及的文化成就甚至比前代更加辉煌了。正是在他的治理下，亚历山大里亚成为当时著名诗人、哲学家、雕塑家和艺术家的首选目的地。希腊化世界里主要的思想家们都被吸引到那座崭新的图书馆，它虽由托勒密一世所创建，却是在二世的手中充分发挥其潜力的。实际上，这座带有阅览室、卷轴贮藏室和餐厅的图书馆，只不过是它所在的那片大型综合性建筑的一小部分而已。这片建筑还包括一个动物园、许多解剖室、一个天文台以及召开学术会议和举行公开演讲的场地。确实，除了缺少学生群体之外，这个机构具备现代大学的许多特点，包括设立终身学者、研究人员和访问专家等职位。正如现代学习的地方被叫作"学院"（academies），乃是由柏拉图讲课的雅典学院（Academy in Athens）而来；被称作"博物馆"（museums）的现代机构也正是得名于博学园（the Museum），又名缪斯殿堂（Temple to the Muses），托勒密的图书馆和研究机构最初就建在其附近。

就连体育运动都得到了王室的赞助。正如我们所见，所有希腊人，包括那些来自地中海对面甚至更远处殖民地的希腊人，都可以参加奥林匹克竞技会，就像此时的马其顿人一样——德尔斐和希腊的统治者们都坚称马其顿人跟南边的任何居民一样，皆为希腊人。在竞技会上颂扬他们共同的文化，有助于巩固希腊人把自己当成一个单一民族的观念，无论他们住在贝提卡（位于今天的西班牙），还是巴克特里亚（位于今天的乌兹别克斯坦）。

托勒密三世注意到了奥林匹克竞技会作为一项泛希腊节庆的成功，于是便创立了以自己家族命名的托勒密竞技会。这个竞技会每四年举办一次，参加比赛的运动员水平逐渐与奥林匹克竞技会相匹敌。

亚历山大里亚不只是一座学术城市。亚历山大的城市规划师们显然不仅注意到了一些次要的细节问题，比如根据盛行风的方向来确定街道的布局，而且他们还有意考察了城市的位置。因此，它很快就成了埃及和地中海世界其他部分之间的通道（地中海世界对象牙和纸莎草的欲望总是难以满足，尤其是后者无法在别处大量生长）。但是，托勒密诸王的野心远远不止如此。作为亚历山大手下的一名将领，托勒密一世见过神奇的丝绸之路如何把财富带给那些生活在其沿线的人们，他决计要让自己的王国也从中分一杯羹。正因如此，托勒密二世曾经向印度国王积极地献殷勤（例如，后来的罗马百科全书编纂者老普林尼告诉我们，作家狄奥尼修斯曾被派去跟一位印度国王生活在一起，专为增进那个王国与埃及之间的各种关系，尤其是贸易。——《博物志》21）。事实证明，这是很有远见的一步，因为季风和信风可以轻松地把装满异域货物的船只带到红海的港口，再经过短途的陆上运输，到达亚历山大里亚，并从那里散播到地中海世界的各处。（据说托勒密还为此引进了骆驼，这种动物以前在埃及几乎无人知晓。）

在古代剩余的时间里，丝绸之路在中亚分出了一条向南的岔路，许多商人更愿意通过印度把货物卖到南边，而这些货物又经由亚历山大里亚被运往欧洲。为了促进这种贸易，托勒密还兴建了一条运河，从尼罗河的佩罗锡克支流通到红海。早些时候的统治者们也曾考虑过这项工程，但是当他们发现红海和尼罗河处于不同的水平面上时，就放弃了这个计划。由于红海更高，所以存在着盐水倒灌的风险。托勒密充分利用他那个时代的知识，想出了一个解决方案，即设置一系列水闸。实际上，那些水闸与今天苏伊士运河还在使用的水闸并没有太大的不同。

托勒密二世利用自己王国的财富进一步充实了一支地中海舰队，从而占据了爱琴海贸易线路的支配地位。由此，就像文化上的大发展一样，埃及在经济上也得到了极大的繁荣，从而使其有能力组建起一支雇佣兵军队。托勒密或许称得上是一名知识分子，但对自己家族和其他希腊化君主都关注的战争问题，他也仍未轻视。

虽然各地的希腊人分享着共同的文化，但这并不影响他们抓住一切机会削弱并击败周边的邻居，即使那些邻居跟他们自己一样，也都是希腊人。同样的道理，托勒密也没有跟其他希腊化统治者搞好团结的想法，反而还会火上浇油，例如非常高兴地支持一场针对马其顿的雅典叛乱，或者趁着塞琉古帝国忙于自相残杀的王朝争斗时，在黎凡特攫取土地。跟马其顿国王和塞琉古国王不同的是，托勒密二世很少有兴趣亲自领军打仗，他的王朝也以此闻名，那就是他似乎不怎么害怕自己的将领会生出异心。

托勒密的政权也并未完全避免内乱和暗算，毕竟正是宫廷阴谋导致了其第一任妻子的下台、流放乃至被其姐姐所替代。难以确定的是，那场阴谋到底是第一任妻子针对托勒密实施的，还是这位妻子被托勒密的姐姐所设计陷害，后者不仅非常美丽、颇有学识，而且还是一位能力超群、心狠手辣的政治家。当然，一旦攀上高位，阿尔西诺伊二世便成了她的弟弟兼丈夫的顾问和知己。她还领养了他前一段婚姻所留下的孩子们，其中之一在公元前 246 年托勒密二世死后继承了王位。

"施惠者"托勒密三世

这位托勒密统治时期的四个主题都是建立在前代的基础之上，那就是鼓励学术、发展贸易、融入埃及的宗教传统以及尽量给其他希腊化国王制造麻烦。必须承认，在追逐塞琉古帝国这件事情上，托勒密比大多数人都更为理直气壮。如前所述，他把自己的妹妹诚心诚意地嫁给塞琉古国王安条克二世，结果这位不幸的女人却惨遭杀害，幕后主使正是那位统治者的野心勃勃的前妻。一旦上台掌权，充满仇恨的托勒密便迅速发起进攻，占领了塞琉古帝国的大量领土，当作他应得的赔偿。在离开埃及期间，他把国家交给自己的妻子治理（另一位贝勒尼基）。他的暂时缺位导致国内动荡不安，逼迫他回到埃及，重新掌控局势，但从叙利亚匆匆撤退，也意味着他无法看顾自己在那里获得的土地了。有迹象表明，埃及的麻烦部分是由马其顿的"戈努斯"安提柯二世制造的，埃及和马其顿的关系原本已经非常紧张，此番更是雪上加霜，之后双方便在安德罗斯岛附近爆发了一场海战，有关情况记载不详。

托勒密三世努力在埃及人民中树立自己的良好形象，以巩固其

图 37　这座托勒密王朝时期的神庙遗迹展示了清晰的跨文化影响，位于菲莱岛上。

王朝地位，他开始在埃德夫、卡纳克等地修建供奉埃及诸神的庙宇。征战叙利亚带来了一项颇受欢迎的额外好处，那就是他的军队行进得很远，甚至到了巴比伦。在这一过程中，他们找回了许多雕像和其他圣物，统统归还给了埃及，这些都是波斯人在其占领期间劫掠的战利品。

　　那座著名的图书馆继续不断壮大。托勒密下令搜查抵达亚历山大里亚的船只，一旦发现任何有用的文本，便将其没收充公，由图书馆的抄写员制作副本，送给文本的主人作为补偿。托勒密还向雅典人索要欧里庇得斯、埃斯库罗斯和索福克勒斯的原始手稿，声称他们需要以之校对图书馆所收藏的副本。他给了雅典人一笔巨额押金，以此保证会将这些作品完璧归还，然而他却违背了约定，使得这次事件中出现了历史上极为罕见的一种情况，那就是图书馆因未能还书而须缴纳罚款。为了这些备受尊敬的作品，托勒密可以牺牲几乎相当于犹地亚地区一年的贡物，这既是故意展示其王国的财富，也反映了托勒密是多么坚决地要把埃及变成希腊文化的中心。

希腊化文明的灯塔

早期的托勒密诸王致力于发掘亚历山大里亚作为一个贸易港口的潜力，为了这个目的，"救星"托勒密一世命令他的工程师们建造一座灯塔，地点就选在港湾入口附近的法罗斯岛上。当然，托勒密想要的并非一座平凡的灯塔，而是某种史诗般的巨大标志。最终，这栋建筑物果然规模宏伟，不过，那座灯塔没有在他活着的时候建成，而是由他的儿子完成了这一未竟之业。

罗马作家琉善写过一个有趣的故事，记载了这座灯塔的建造者是如何刻石记功的：

那位来自尼多斯（小亚细亚的一座希腊城市）的著名建筑师是法罗斯灯塔的建造者，这栋建筑规模宏大、美轮美奂……在建造完成时，他把自己的名字刻在石头上，然后用一层石膏盖住，并在上面题词，献给当朝国王。如他所愿，随着岁月流逝，石膏和题词终于脱落，露出了下面的文字：

索斯特拉特，尼多斯的德克斯芬恩斯之子

代表所有海员（建造此灯塔）

（并将其）献给救人于危难的诸神（《论撰史》，62）

这份功劳确实值得铭记。从一开始，这座灯塔就被誉为当时的一大建筑奇迹，历经整个古代，它都安然无恙，直至在中世纪发生的一系列地震中遭到摧毁。尽管它经常被印在硬币上，也不时被一些著作提及，但是最详尽的描述却出现在它被部分摧毁之后，来自一些考察过它的阿拉伯学者。从他们的描绘以及其他有关这栋建筑的尚存记载中，我们可以知道，这座灯塔有一个很高的长方形底座，建于其上的则是一个圆锥形塔楼。

底座和塔楼之间的区域十分宽敞，足以充当一个观景平台。古代文献提到，游客们会在那里用餐。全部加起来，底座和塔楼所构成的建筑物至少高达120米，仅仅比现代建筑学所定义的"摩天大楼"矮30米，也就意味着这座灯塔相当于一栋30层的建筑，底座的石块必须用熔铅制成的"灰浆"砌在一起，以便抵挡海浪的冲击。（这些石块作为水底的残骸幸存下来，体型庞大，每块重量在 50 吨到 75 吨之间。）

白天，这座灯塔凭借巨大的身形就足以起到辅助导航的作用，哪怕水手们在很远的海面上。它的能见距离有 175 公里，因为就算灯塔本身不可见，顶部火焰的烟雾也会延伸成一根柱子，其高度至少又跟实体建筑一样。根据某些（很可能是想象出来的）描述，这团火焰的光芒在夜间会通过特制的玻璃窗变得格外明亮。

从托勒密诸王的角度来看，这座灯塔无疑是一个巨大的功绩。作为一件政治宣传品，它不仅显示了埃及的力量和财富，而且还以其重要的实用功能，成为古代地中海世界不可或缺的基础设施，同时又深深地扎根在人们的艺术想象之中。即便是今天，在许多语言（如法语、西班牙语和希腊语等）中，"灯塔"一词都来源于"法罗斯"。

厄拉多塞

希腊化思想在埃及繁荣发展的另一个范例是昔兰尼的厄拉多塞，一位数学家兼诗人，曾在托勒密三世统治时担任亚历山大里亚图书馆馆长。他最杰出的成就大概是计算出地球的转轴倾角，并且

图 38 亚历山大里亚的法罗斯灯塔，德国考古学家 H. 蒂尔施教授所绘。

相当准确地估算出了地球的大小。

厄拉多塞时期的希腊人都知道地球是圆形的，理由很充分，因为他们每天晚上都能看到地球投在月亮上的影子。为了计算这个球体的大小，厄拉多塞作了一个大胆的假设，那就是太阳离得很远，以至于它照到这个行星上的所有光线实际上都是平行的。（当时这个假设绝不是既定的事实。）因此，他推断出，在这个球体上的不同位置，阳光跟地面形成的角度也不同。厄拉多塞分别在亚历山大里亚和位于南边 5000 斯塔德（一种长度单位）的昔兰尼计算这种角度，得出了二者的差异为 12 度。由于一个圆圈是 360 度，那么两地之间的 5000 斯塔德就是这个行星周长的十五分之一。

实际上，由于地球并不是一个完美的正球体，而且昔兰尼和亚历山大里亚不在同一条经线上，厄拉多塞没能得出精密的测算结果。误差的范围在 10%—16%，具体数字取决于他使用的是哪种度

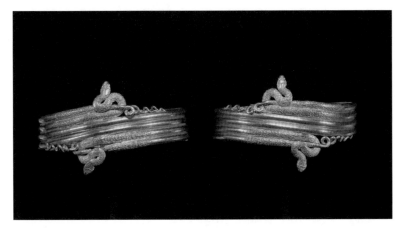

图 39　王后的手镯。这类珠宝制造于托勒密王朝末期的亚历山大里亚，无疑曾被克娄巴特拉佩戴过。

量标准的斯塔德（最初的度量标准是 1 斯塔德等于 180 米，现代的"体育场"[1]一词也正来源于此，不过在古代世界中，斯塔德有好几种标准，就像如今加仑在美国和英国不同一样）。

尽管如此，厄拉多塞的估算还是比近代时期以前的任何人都更加准确。如果克里斯托弗·哥伦布在 1492 年循着厄拉多塞的足迹，

---

[1]　体育场：stadium，源于希腊语"斯塔德"（stade 或 stadion），最初是指一个典型体育场的长度，据历史学家希罗多德所说，一个体育场相当于 600 个希腊人的脚长。

而非依赖他自己那大胆而错误的计算，那么他要前往印度，就绝不会从伊比利亚半岛向西航行，从而出现这样的结果：当他意外地发现美洲大陆时，还以为自己已经抵达了目的地，实际上他只走了不到一半的路程。

叙利亚战争概况（截至公元前241年）

在公元前301—前150年，埃及的托勒密王朝和东方的塞琉古帝国处于持续紧张的关系之中，经常爆发战争。前文已经在相应部分提到了这些战争，不过在这一时期的历史中，所谓的叙利亚战争占据了很大的一部分，应当予以专门叙述。下面的表格简要地回顾了总共六次战争中的前三次，也是最重要的三次。（后三次战争较为次要，也比较复杂，只是加速了塞琉古帝国的覆灭。）

第一次叙利亚战争

时间：公元前274—前271年。

参与者：托勒密二世和加拉太人对安条克一世。

开战原因：埃及阻止塞琉古帝国在安纳托利亚地区扩张。

重大战役：公元前275年，安条克在象阵战役中击败加拉太人。

领土变化：埃及获得了卡里亚和奇里乞亚附近的地区，但是在非洲暂时失去了昔兰尼加，该地盘为一名篡位者所夺取。

最终结果：托勒密王朝胜。

第二次叙利亚战争

时间：公元前 260—前 253 年。

参与者：托勒密二世对安条克二世和 "戈努斯" 安提柯。

开战原因：塞琉古帝国跟马其顿联合兵力， 将托勒密王朝从其获得的领土上驱逐出去。

重大战役：公元前 258 年， 马其顿在科斯岛战役中击败埃及舰队。

领土变化：塞琉古帝国获得小亚细亚的部分地区， 托勒密王朝在爱琴海丧失霸权。

最终结果：托勒密王朝败。

第三次叙利亚战争

时间：公元前 246—前 241 年。

参与者：托勒密三世对塞琉古二世和 "戈努斯" 安提柯。

开战原因：贝勒尼基被杀害。 先前， 作为第二次叙利亚战争和解的条件之一， 这个埃及女人嫁给了安条克。

重大战役：马其顿在安德罗斯岛海战中击败埃及舰队。

领土变化：托勒密王朝获得小亚细亚的部分地区， 安提柯失去基克拉泽斯群岛。

最终结果：托勒密王朝胜。

第六章

罗马与希腊化王国

尽管罗马人的精神生活极大地得益于他们跟希腊化国家之间的交流，但是这并未阻止罗马人利用自己的军事力量击败并摧毁希腊化王国。如果没有罗马的介入，这些王国会变成什么样子？此可谓历史学上最迷人的假设之一。

马其顿

随着锡拉库扎的陷落，罗马对西西里岛的掌控变得十分稳固。正如皮洛士曾经的做法一样，罗马人接着迈出了顺理成章的一步，那就是继续入侵并征服迦太基，逼迫汉尼拔投降，就此结束了第二次布匿战争（公元前218—前202年）。接下来便轮到希腊大陆和马其顿了。

罗马人有一个让自己插手希腊事务的借口，那就是公元前215年，罗马在坎尼惨败给汉尼拔以后，马其顿的腓力五世曾经对罗马宣战。自从皮洛士的时代以来，罗马便一直担忧，坐拥极大财富和资源的希腊化王国会向罗马发起进攻。其实，腓力几乎没有什么兴趣加入意大利地区的战争，他之所以对罗马宣战，只是因为他的协议盟友汉尼拔已经在跟罗马人打仗了。然而，罗马人并未意识到这一点，他们只是知道，击败皮洛士和汉尼拔的行为会让他们受到希腊化政权的留意，而这种格外的关注显然不会是友好的。

因此，把西方牢牢地握在手中以后，罗马人便决心要立即进行反击。尽管他们在忙于迎战汉尼拔之时，跟马其顿达成过短暂的和解，可是一旦时机成熟，罗马人必然会对他们所认定的腓力五世的背叛行为实施报复。

于是，公元前 200 年，迦太基的降书墨迹未干，罗马便宣战了。这场战争被称作第二次马其顿战争，时间是公元前 200—前 196 年。（第一次马其顿战争包括数场断断续续的争斗，交战双方主要是腓力的盟友们和罗马在伊利里亚的依附者。而在第二次马其顿战争中，罗马人得以调集经验极为丰富的老兵，并举全军之力与马其顿决战。）

希腊化世界各地的军事观察员都兴趣盎然，等待即将到来的冲突，大家激烈地争论着马其顿方阵的长矛能否战胜罗马军团的重标枪。当然，没有任何一个希腊化王国愿意帮助腓力对抗"野蛮"的罗马人，因为对其他君主而言，腓力实在没有做过什么讨人喜欢的事情。

在埃及，托勒密三世已于公元前 222 年去世，协助少年法老托勒密四世治理国家的大臣很快就表现出了他们的无能。对于塞琉古帝国那位能力超群的安条克三世而言，这样的借口已经足够了，他便以此为出师之名，率军进攻黎凡特和叙利亚，企图把托勒密王朝先前从塞琉古帝国夺走的土地重新拿回来。（安条克早就想这样做了，只是他在执政初期一直忙于巩固帝国的东部边界，无暇旁顾而已。）

趁着埃及衰弱，而且安条克的注意力也尚在别处，腓力赶紧开始把马其顿的势力扩张到爱琴海地区，他占领了托勒密王朝的基地，还控制了一些原本自由的城邦，比如通商口岸赛厄斯和萨索斯。地中海贸易随之遭到破坏，导致小亚细亚新兴的帕加马王国和罗德岛城邦跟腓力发生了冲突，不过马其顿海军还是战胜了这两个对手。

在第二次马其顿战争之前，从腓力的行为来看，他并未显示出任何对罗马或西方的兴趣。作为马其顿国王，他所关注的问题与前代统治者完全一致——将希腊维持在马其顿霸权的控制之下、抵御来自北边的蛮族入侵，以及阻止更加强大的塞琉古帝国和托勒密王朝侵犯自己的王国。对于腓力而言，罗马人仅仅是一支比较有组织的蛮族罢了，而他在这场战争中的主要目的自始至终都只是让罗马人放弃并走开。他的姿态是防御性的，而且我们确实没看到他有任何向西进攻的打算，就像对待东方城市那样。实际上，当罗马对其宣战时，腓力正忙着围攻一座东方城市，甚至没时间搭理罗马的使节。

罗马人也并没有领土诉求。他们的意图只是削弱马其顿，使这个王国再也无法威胁他们那个正在西方发展的国家。罗马人敏锐地发现，最有可能实现目标的做法，就是使希腊摆脱马其顿的控制。因此，在下达战书以后，罗马便对外宣称，他们的入侵毫无私心，只是为了"解放希腊"。

这样的声明足以说服雅典人，毕竟他们从未完全接受马其顿的统治。腓力在埃托利亚同盟的伙伴们也站在了罗马这一边，因为他们觉得这位马其顿国王在之前那场战争中对他们很不够意思。在东方，帕加马也迅速接受了邀请，重新唤起了对马其顿的敌意。如此看来，罗马人已经成功地在外交上包围了他们的敌人。

问题是，正如罗马人很快所发现的那样，包围马其顿是一回事，真正入侵它又完全是另一回事了。这个国家的山脉乃是天然的防御工事，实在难以攻破，再加上有腓力的强大军队镇守，即便是罗马老兵似乎也一筹莫展。

接着，腓力提出了非常合理的和解条件，目的还是要结束这场他从来都不想参与的战争。鉴于这场战争至今所取得的进展是如此令人失望，倘若罗马军队的指挥官不是野心勃勃的弗拉米尼努斯，那么罗马人也许会接受这些条件。然而，弗拉米尼努斯要求罗马元老院将他的指挥官任期再延长一年，这样他的朋党们就会反对这项和解提议，否则，朋党们就会投票同意和解。总之，这场战争必须在他手里有一个相对完满的结局，决不能半途而废。

在罗马跟东方的希腊化世界接触期间，罗马内部类似的权力游

图 40　这张希腊北部的风景照展示出当罗马军队企图进攻马其顿时，他们面临着怎样的困难。

戏将会屡次发生，由此带来一些政策的突然改变和出尔反尔，致使希腊化国王产生许多恼怒和不解。而且，通常来说，就像弗拉米尼努斯一样，他的同僚们也都有对胜利的强烈渴望，这也就意味着有时候根本是无法达成和解的，无论希腊化国王提出什么样的条件。对罗马贵族而言，他们需要在选民面前以获胜将领的形象出现，这一需求轻而易举地便胜过了任何外交上的考量。

　　看起来，罗马人似乎是真心诚意地希望解放希腊，再加上他们还有选择性地毁灭了那些拒绝被"解放"的城市，这使得整个希腊几乎完全站在了罗马一边。正因如此，公元前 197 年，弗拉米尼努斯得以率领他的军队跨越希腊，抵达色萨利，这是相对来说最易接近马其顿的地方了。腓力的军队跟罗马人在一个名为库诺斯克法莱（Cynoscephalae，希腊语，意为"狗头"）的地方相遇，在混乱的交战中，马其顿方阵未能充分发挥其优势。罗马的胜利逼迫腓力接受了他们的条件。

公元前196年，在科林斯地峡竞技会的开幕式上，弗拉米尼努斯向着狂喜的人群宣布了希腊的自由。不过，一些心怀疑虑的民众还是发现，尽管"解放"了希腊，罗马人却把他们自己的卫戍部队安插在了科林斯、哈尔基斯和德米特里阿斯的要塞——这些地方都是战略重地，有"希腊的枷锁"之称。而且，弗拉米尼努斯选择在科林斯宣布这个消息，也颇具历史讽刺意味——几乎正好在他们宣布希腊"自由"的50年以后，在将希腊纳入自己版图的过程中，罗马人便把科林斯夷为了平地。

塞琉古

对塞琉古帝国的安条克三世来说，腓力面临的难题自然是非常好的机遇。背后有罗马人抵挡着腓力，安条克便可以集中全副精力，向南驱逐埃及人，将他们赶出加沙。在公元前201年的帕尼翁战役中，安条克摧毁了埃及在这个地区的主要兵力，接下来又花了三年时间，清除叙利亚和爱琴海南部的托勒密驻军。安条克在战略上极为谨慎，不敢冒险攻打受到天然屏障保护的埃及本土，于是在公元前195年，他通过跟埃及和解来巩固自己获得的领地。这使得他有机会开始考虑下一步行动——利用马其顿的虚弱，进入腓力五世的势力范围。

从希腊地区当时的状况来看，塞琉古帝国动手的时机无疑成熟了。正如任何了解这一时期希腊政治的人都有可能猜到的那样，希腊人对其罗马"保护者"的幻想，没过多久便破灭了。斯巴达人渴望重获他们失去的军事荣耀，而埃托利亚同盟则对罗马很生气，因为他们觉得自己在这场反对马其顿的战争中扮演了重要的角色，却并未得到应有的回报。另一个希腊城市联盟——亚加亚同盟——则急于吞并斯巴达，以便彻底解决这座城市带来的麻烦。

因此，当埃托利亚人试图夺取科林斯、哈尔基斯和德米特里阿斯的要塞，而亚加亚人企图拿下斯巴达之时，安条克断定局势已经足够混乱，可以让他乘虚而入了。在公元前192年的秋天，他入侵了希腊，还是打着那个老掉牙的旗号，即"解放"希腊人民。

安条克或许料到了来自腓力的抵抗，也猜到了罗马人会反对他介入其新的保护国。但是，他可能没有想到，腓力会积极地跟其先前的敌人结盟，并且罗马贵族会为了挣军功而仓促上阵，欣然发起一场全面战争。安条克面临的就是这样的情势。他的对手是一位罗马新贵，正在其国家事务中致力于恢复罗马的传统美德，而许多崇尚希腊文化的罗马贵族则对其颇为反感，此人便是大加图。

尽管表面上对希腊文化不以为然，但实际上大加图对希腊历史非常熟悉。安条克试图在温泉关进行抵抗，就像300年前列奥尼达进行过的史诗般的抵抗[1]一样，而大加图却击败了安条克，正如波斯人曾经击败列奥尼达一样——也是率领一支军队从山间迂回包抄。在经历了这次挫折以后，安条克接受事实，承认其欧洲冒险的失败，并且退回小亚细亚。他可能又一次没有想到的是，罗马人竟然会追到那儿去，然而事实如此。

在安纳托利亚，罗马人跟帕加马城的盟友们合作，首先确保了当地的海军优势。然后他们便率领一支军队前往小亚细亚，指挥官则是卢基乌斯·西庇阿，其兄便是"征服非洲者"西庇阿，曾在第二次布匿战争中对击败汉尼拔发挥了重要作用。（此人也在这支军队中，但按照罗马的制度规定，他不能挂帅。）汉尼拔同样在场，只不过他是在另一方，作为一名参谋，正为安条克国王效力。此前，

---

[1] 史诗般的抵抗：公元前480年，在希波战争的温泉关战役中，斯巴达国王列奥尼达亲率三百名斯巴达勇士和希腊志愿军，在狭隘的温泉关掩护希腊联军撤退，但因寡不敌众，最后全部阵亡，无人被俘或投降。这是西方文学中经常称颂的一个历史事件，故有此说。

他发现自己如果继续留在迦太基，便会为罗马人所害，于是逃到了塞琉古帝国。

汉尼拔担任海军将领，在对抗罗德岛舰队的时候取得了一些胜利（当时罗德岛也跟罗马结盟了）。但是，对于大局而言，他所扮演的角色还是次要的，主要的较量发生在陆地上，尤其是决定于公元前 190 年的马格尼西亚战役。安条克在他亲自指挥的部分获得了成功，可是罗马军团击溃了他的左翼。然后，罗马人便利用他们高度的灵活性，从侧面打击塞琉古帝国那笨重的长矛方阵，并且取得了决定性的胜利。就像之前的腓力一样，安条克也被迫接受了罗马人的条件，不仅放弃了对希腊的所有要求，而且还割让了小亚细亚在托罗斯山脉西北的全部土地。

亲希腊主义

尽管被希腊人悻悻地斥为蛮族，但罗马人至少在一定程度上意识到了他们国家在文化方面的不足。所以，虽然有一些罗马人（包括大加图）谴责希腊对罗马生活和文化的影响，认为这种影响使罗马人在精神上变得软弱，在道德上变得颓废，但罗马贵族中的另一些人则充满热情地拥抱希腊文明，他们被称作"亲希腊者"。其中一个早期的例子便是公元前 282 年的帕斯图密乌斯·米加鲁斯，当时罗马人正在向意大利南部扩张，帕斯图密乌斯在他林敦的民众面前用希腊语演讲（不过，这种殷勤之举得到的回报只有嘘声和对其糟糕的语法的辱骂）。

亲希腊主义在公元前 211 年得到了一次重大的推动。当时马塞卢斯攻下了锡拉库扎，这导致了阿基米德的死亡，却也使得希腊的雕像、铜器和画作以战利品的形式被运进罗马。希腊的人工制品明显优于罗马的人工制品，这引起了一股探讨希腊及其思想、艺术成就的兴趣和浪潮。

因此，当法比乌斯·皮克托——通常被公认为罗马的第一位历史学家——撰写《罗马史》时，至少有部分意图是打算向希腊人介绍罗马，而且那份文献也正是用希腊语写成的。罗马人没有书写历史的传统，于是皮克托便顺理成章地采取了希腊的模式。由于法比乌斯的希腊语十分流利（他先前曾经随一支罗马使团去过德尔斐），所以他用这种语言写作，也是很自然的。没过多久，精通希腊语就成了迈入罗马知识阶层必不可少的基本修养。

击败汉尼拔的"征服非洲者"西庇阿也是亲希腊者中的一员。当他在西西里岛上时，人们经常发现这位罗马将领在希腊体育馆里放松，身上穿着希腊斗篷和凉鞋。就连顽固的大加图最终都改变主意，在八十岁高龄时开始学习希腊语。那时候，罗马贵族已经把自己的健康托付给希腊医生，把孩子的教育托付给希腊教师。

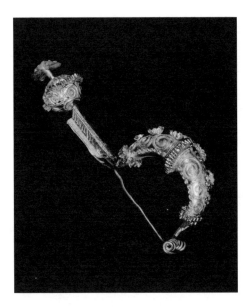

图41 出土于大希腊地区的扣针展示了希腊元素和意大利元素的混合，约公元前600—前200年。这些扣针用来别住女性连衣裙的肩部。

　　罗马传统很快便吸收了荷马作品集。大约正是在此时，罗马人开始萌生出一个信念，认为他们的祖先就是荷马在《伊利亚特》中描述的特洛伊人。通过一种名为"调和"的过程，两种宗教互相融汇，直到二者变得颇为相似，例如密涅瓦和雅典娜，或是狄安娜和阿尔忒弥斯，除了名字以外，它们之间的差异微乎其微。（不过，祭拜仪式依然有不小的区别。）

　　如果罗马人在自己的众神中找不到某个希腊神祇的对应者，他们便干脆"借用"一个。早在公元前293年，罗马人便意识到他们需要一位医药之神，并且决定在一场正式祭拜中借用希腊医神埃斯

图 42　阿波罗神庙在迈锡尼的遗址，创建于公元前 600 年。

库拉庇乌斯。他们在台伯岛上建了一座庙宇，供奉这位神祇，那座庙宇在其后的古典时期始终矗立在罗马的土地上。此外，罗马人还借用了那位掌管艺术、文化和预言的希腊神祇，这也是为什么阿波罗没有罗马名字。

　　罗马公众通过阿里斯托芬和米南德的戏剧了解希腊文化，尽管这些戏剧是由诸如普劳图斯等剧作家为了罗马观众而重编的删改版本。（鉴于其对希腊作品的大规模袭用，普劳图斯大概也难以抱怨他的两部戏剧被那位同样不够厚道的威廉·莎士比亚变成了英语文学的经典。莎士比亚《错中错》的情节和部分对话都来自普劳图斯的《孪生兄弟》和《安菲特律翁》，而且福斯塔夫明显就是普劳图斯《吹牛军人》中的麦尔斯·格劳里奥萨斯。莎士比亚的《安东尼与克娄巴特拉》则主要借鉴了另一名希腊传记作家普鲁塔克的作品。）但是，罗马精英对这些二手货却没有兴趣，反而更喜欢希腊的原版作品，他们在献给阿波罗的小型剧场里观看原版的希腊戏剧，这些剧场被称作"奥迪昂"[1]。

希腊哲学很快也在罗马受众中找到了可以扎根的沃土，尽管罗马人对诡辩派非常愤怒，以至于把他们直接驱逐出城。诡辩派的一个重要目的乃是通过修辞学来培养英才，但是罗马人更关注其论证可能被用来让谬误压倒真相。（即便在今天，"诡辩"也被视为一种旨在欺骗听众的错误方式。）不过与此同时，斯多葛派哲学却恰恰是罗马人乐于接受的那种思想，在不到两代人的时间里，罗马的斯多葛派学者就跟希腊一样多了。

罗马人实行的政治制度则是他们自己有限制的民主形式，其元老院原本就不信任民众之中的"煽动家"，因此对毫无限制的雅典式民主并无好感。值得注意的是，即使在希腊民主达到巅峰的公元前5世纪，"纯粹"雅典形式的民主也只是在少数希腊城市中实行。

---

[1] 奥迪昂：Odeon，希腊语，本意为"唱歌的地方"或"举行音乐比赛的建筑"。

大多数希腊城市都采用寡头制，或者其他限制投票选举的政体。到了罗马统治时期，任何杰出的知识分子都已经不再提倡雅典式民主了，它被普遍视为一种失败的社会实验。

希腊化王国的终结

虽然罗马的到来摧毁了作为政治实体的希腊化王国，但是在中东地区发展起来的城市文化将会更加持久。希腊人一如既往地选择了适应，而非被同化。

马其顿

罗马人对希腊艺术和文化的迷恋并未发展成对同时代希腊人的好感；相反，罗马人声称他们欣赏已经消失的伯里克利时代的希腊，并且把同时代的希腊人视为"格劳库利"（Graeculi），字面意思即"次希腊人"。这完全是罗马人想当然的看法，实际上希腊人在知识、财富和领土范围上都远胜于他们。然而，罗马人在军事方面无疑是遥遥领先的，而且他们已经见识过跟希腊人作战所带来的财富和声望，于是希望更加频繁地与希腊人打仗。在针对希腊化国家的战争中担任指挥官，成为罗马贵族争相追逐的特权。

希腊王国的所作所为也实在属于自寻死路。在金钱与人力方面，托勒密王朝和塞琉古帝国本来都远胜于罗马人，而马其顿人（正如罗马人极不情愿地承认的那样）在打仗方面几乎同罗马人一样出色。如果希腊化国家视罗马为致命的威胁，齐心协力抵御外敌，那么罗马人很可能扛不住他们的联合猛攻。然而，数个世纪以来，希腊化国王一直都忙着互相残杀，沉溺于彼此之间的权力倾轧和领土争夺，他们觉得，罗马人至多只是某种干扰罢了，说不定还能在他们与其他国王的持续冲突中充当帮手，等到他们幡然醒悟，已为时太晚。罗马人对腓力五世的征服曾令托勒密王朝感到欣喜，就像后来安条克三世的溃败也令托勒密王朝幸灾乐祸一样。希腊化国王似乎都没有意识到，这些失败乃是他们共同的灾难，而胜者则是一个终将超越他们所有人的政权。

最先发觉这一点的大概是腓力五世的儿子佩尔修斯。腓力去世之时，马其顿王国的实力虽然遭到了削弱，但是领土依然完整，而佩尔修斯则将看到它被罗马人彻底攻破并摧毁。罗马人曾经赞成他的弟弟德米特里成为腓力的继承人，而佩尔修斯却通过伪造、谎言和欺骗等手段夺得了王位，这对他显然是十分不利的。当初，腓力听信佩尔修斯的谗言，认为德米特里在密谋造反，于是便处决了这个无辜的儿子，即便事后发现真相，腓力也没有另一个继承者能取代佩尔修斯了。登基以后，佩尔修斯企图修复自己与罗马人的关系，重建被他毁掉的外交桥梁，然而无论怎么努力都于事无补。罗马人认定他只会暗中弄权，以便恢复马其顿的支配地位，尽管他不断尝试和解，而且态度越来越迫切，但是对方根本不予理会。

在这场战争中，罗马人（以及投机取巧地前来援助的帕加马人）故技重施，仍旧打算通过色萨利进入马其顿。最后，指挥官马尔库斯·腓力普斯确实跌跌撞撞地进去了，不过却走了一条任何理智的将领都不会考虑的路线，结果以其军队被困在一个没有出路的山谷而告终，真可谓进退维谷。如果当时马其顿军队的掌管者还是腓力五世，那么他肯定会下令对倒霉的罗马军队大开杀戒，这场战争也许立即就会结束。然而，缺乏军事才能的佩尔修斯听闻罗马人进入马其顿，不禁惊慌失措，于是赶紧撤出了部队，把一个位于自己王国内的稳固的桥头堡留给了罗马人。

第二年，在亲希腊者埃米利乌斯·保卢斯的指挥下，罗马人朝马其顿的心脏地带进军了。佩尔修斯在皮德纳跟罗马人相遇，那场发生于公元前 168 年 6 月的战役彻底证明，罗马部队的灵活性使得他们明显优于强大却笨重的马其顿方阵。这次失败后，马其顿的抵抗彻底瓦解，变成了罗马人的一个附属国——实际上是四个，因为这个王国被分裂成了几个部分，以便进一步削弱它。

接下来，马其顿的邻国伊庇鲁斯领教了罗马人究竟能怀恨多久。早在一个多世纪以前，罗马人统治的意大利曾经被伊庇鲁斯国王皮洛士入侵，如今，罗马人便借口伊庇鲁斯在最近的战争中帮助过马其顿，对其发起了一场所谓的"战争"，其实基本上就是一次大规模的劫掠。超过 15 万伊庇鲁斯人被奴役，这个国家遭到了严重的破坏，再也未能复原如初。

这场马其顿战争还有一个更深层的结果，那就是罗马人不再相信他们刚刚"解放"的希腊人，因此当他们从希腊大陆撤兵时，便从那些最不值得信任的国家里带走一些人作为人质。其中有个名叫波里比阿的年轻人，后来成为他那个时代著名的历史学家。波里比阿著述的意图是向他的希腊同胞们解释罗马是怎样如此迅速占领希腊化世界的。自然，他的文本是用希腊语写就的，为现存同时期关于罗马历史的主要作品之一。

塞琉古

安条克三世在公元前 187 年去世了。尽管两年前他在马格尼西亚战败，并且失去了小亚细亚的领土，但是他依然统治着一个强大的王国，占据了黎凡特和中东的大部分地区。他的儿子塞琉古四世在位期间一直忙于控制各族臣民，他们实在难以驾驭，何况其政权的军事力量又明显遭到削弱。雪上加霜的是，在先前签订的和平条约中，罗马曾要求得到一笔巨额赔款，为了支付这笔款项，帝国各地都纷纷提高税收。塞琉古甚至下令让耶路撒冷的犹太圣殿也交钱，由此在犹太人之中激起了反抗塞琉古帝国的情绪，安条克三世曾经苦心经营，以便让这个民族顺从自己的统治，如今所有的努力统统付之东流了。当塞琉古遇刺身亡，他的弟弟安条克四世登基以后，这种情况更是愈演愈烈。

公元前 170 年，罗马人正在准备给予马其顿最后一击，安条克四世断定，塞琉古帝国跟埃及再次开战的时机成熟了。他的理由是埃及在军事上颇为疲软，而且又一次被少年法老（托勒密六世）统治，这位法老也同样受到长期争权夺利而又十分无能的大臣们控制。正是这些大臣制定的一项咄咄逼人的外交政策挑起了战争，尽管他们出台那项政策的本意也许是要促进国内的团结。对埃及人表现出的好战姿态，安条克可谓求之不得，他立即入侵埃及，并且力图摧毁它的军队。结果，他控制了埃及的大部分地区，只有亚历山大里亚还在负隅顽抗。

安条克意识到，自己领土的东部行省尚不安定，在这种情况下，继续这场战争并无多少益处，于是他将年轻的托勒密收养为儿子，然后便离开了埃及。这一收养是顺理成章的，实际上王朝的政治联姻早就使得这个男孩成了安条克的外甥，不过亚历山大里亚那些有独立意识的民众却不愿支持这种做法。他们迅速把另一名托勒密（八世）推举为统治者，安条克被迫匆匆赶回来，重新发起攻势。

安条克先从埃及的控制中夺取了塞浦路斯，然后向亚历山大里亚进军。结果，他遇到的并非一支严阵以待的军队，而是一名孤身前来的罗马代表。原来亚历山大里亚人向罗马求助，后者便派出了年轻的波皮利乌斯·拉埃纳斯来阻挡塞琉古国王。这位罗马人开门见山，直言不讳，他告诉安条克，要么把他的军队撤走，将塞浦路斯还给埃及，要么就准备跟罗马人的战争。塞琉古国王要求给他一些时间来考虑，于是波皮利乌斯便缓缓地绕着他走了一圈，用自己的手杖在沙地上画了一个圆。这名罗马人说，安条克可以慢慢考虑，但是他必须作出决定，才能踏出这个圆圈。这一侮辱性的最后通牒显然是在向安条克炫耀罗马的军事实力，那是不得不忌惮的。他只好撤军了，第六次也是最后一次叙利亚战争（公元前170—前168年）就这样结束了。

毫无疑问，在这次跟罗马的交锋中，塞琉古王室的尊严被严重挫伤了。正因如此，当一群误以为安条克死在埃及的犹太暴民发动叛乱并控制了耶路撒冷时，这位塞琉古帝国的君主做出了显然过激的反应，耶路撒冷被当作敌人的城市对待。据《马加比书》（《马加比二书》5）记载，超过4万人被杀害，另有4万人沦为奴隶。

尽管《马加比书》把那场跟安条克的冲突描述成一场犹太民族主义反抗外邦压迫者的战争，但是仔细观察就会发现，这场冲突也是希腊文化和犹太文化之间的战争，两边都有数量众多的犹太人。安条克理所当然地选择了希腊文化那一边，并且宣布许多犹太教活动都是不合法的，同时积极促进对奥林匹亚诸神的崇拜。犹太反叛者虽然势单力薄，但是他们目标明确，斗志昂扬，一场极为凶险的内战就此爆发了。

祸不单行的是，帕提亚人还趁机组织了一场入侵，严重地破坏了贸易。安条克被迫把犹地亚的混乱留给属下处理，而他则匆匆赶往东部，去迎接这个新的挑战。在抵御帕提亚人的战斗中，安条克取得了相当大的成功，但却随之染疾身亡，犹太反叛者兴高采烈地宣称，这场病是他们的神对敌人的惩罚。

于是，少年国王安条克五世开始掌权，因为他那更有资格继承王位的亲戚德米特里正在罗马做人质。在这位安条克统治期间，帝国忙于平定众多叛乱，但还是成功地镇压了马加比家族的叛乱者，并且杀了他们的首领。罗马人对塞琉古舰队的规模感到不安，其实这支舰队的组建主要是为了犹太战争，但他们还是派出一名使节，要求塞琉古帝国解散舰队。和上次一样，罗马人仍然颐指气使，措辞强硬。安条克城的民众本来就为波皮利乌斯对待安条克的态度而怒气难平，这次他们必须表达自己对罗马人如此嚣张的反感，便群起反抗，动用私刑处死了那名使节。作为报复，罗马人释放了人质德米特里，他立即返回叙利亚，在公元前161年宣布登基，并在此过程中除掉了年幼的安条克。

德米特里给自己冠以"索特"（Soter）的称号，意为"救星"，而此时，他的王国确实需要得到拯救。阴谋诡计盛行，王朝内讧不

图 43　庞培，恺撒未来的敌人，也是最后终结塞琉古帝国并洗劫耶路撒冷圣殿的人。

断，宫廷混乱不堪，各派都在争权夺利，而叛乱又在巴比伦爆发了。同时，趁着德米特里正深陷于小亚细亚的卡帕多西亚的一场战争中，不肯认输的马加比家族又精神抖擞地杀了回来，只要他们没有彻底倒下，那就绝不善罢甘休。公元前 150 年，德米特里被罗马支持的一名篡位者杀害了（罗马已经断定，德米特里难当重任，不值得他们予以保护）。

　　塞琉古帝国的这段历史充满了内战、暗杀和政变，情况复杂而混乱。在这个多样化的帝国里，各族人民都开始谋求独立，短命的国王们所控制的区域不断缩小。在东部，这类独立持续的时间都很短，因为帕提亚人总是抓住一切机会，夺取那些没有防备或者易受攻击的领土，而塞琉古诸王又过于软弱且无暇他顾，实在无法加以阻止。直到公元前 139 年，塞琉古帝国终于尝试攻击帕提亚人，却不幸战败，当时的国王德米特里二世也被俘虏了。同时，通过坚持不懈的努力，趁着塞琉古国王们正在忙于处理其他更重要的事情，马加比家族的反叛者帮助犹地亚独立了，尽管还不是十分稳固。

在帝国摇摇欲坠的时候，安条克七世站了出来，外交手段和威胁恐吓双管齐下，他迫使那些志在独立的行省收敛野心，并且凭借其强大的个人魅力控制住自己的宫廷。他又跟犹太反叛者达成协议，以至于他们甚至还向他贡献了士兵，跟随他的军队去东部对抗帕提亚人。至公元前 129 年，安条克七世带领他的军队取得了一个又一个辉煌的胜利。至于这最后一位伟大的塞琉古君主为他的帝国勾画了怎样的蓝图，我们永远都不得而知了。因为帕提亚人在一场埋伏中杀了他，随着他的死亡，塞琉古帝国在过去 10 年中所取得的一切成就都烟消云散。帕提亚人重获他们失去的领土，犹太人再次反叛，更为不堪的是，亚美尼亚王国不仅趁机独立，并且开始对外扩张了。

到公元前 100 年，塞琉古"帝国"只剩下了安条克及其附近的几座城市。尽管这个国家已经基本没有能力参与地区政治了，但在内部，它还是继续承受着派别纷争和朝廷混乱的折磨。最终，它废于罗马将领庞培之手。那是在镇压了本都国王米特拉达梯六世之后，庞培率领军队南下，平定了黎凡特的暴乱。在此过程中，他几乎是顺带着废除了塞琉古王朝，并且把叙利亚变成了罗马的一个行省。这个创建于公元前 334 年的帝国，在历经 271 年之后，于公元前 63 年黯然落幕。对于它的逝去，很少有人悼念。

希腊化亚洲

塞琉古帝国的覆灭并不等于希腊文化在东方的覆灭。在安纳托利亚，希腊人在构成当地文化的众多民族中仍占据主导地位。在文化和思想方面，西部的比提尼亚王国和帕加马王国几乎完全是希腊化的，而且位于帕加马城（帕加马首都）的图书馆被普遍认为仅次于亚历山大里亚图书馆。正是在帕加马城，一种用兽皮制成薄片的书写材料制作技术得以普及，据说其源起乃是亚历山大里亚人出于嫉妒而不愿让帕加马图书馆获得纸莎草。这种书写材料被罗马人称作 "pergamenum"，被法国人称作 "parghemin"，也就是今天为大家所熟知的羊皮纸。

在帕加马东边的十几个小王国中，希腊城市继续作为半自治实体存在。在众位国王持续争斗的过程中，希腊人在贸易和制造业中发挥了巨大的价值，希腊商人也显示了出色的才能，这意味着在每一个新兴王国中，希腊人口都会被视为珍贵的资源，国王们也确保这些希腊城市获得特殊待遇和税收减免。

在公元前 133—前 63 年，亚洲的希腊城市抵抗罗马帝国在中东地区的扩张，有时会非常激烈，部分原因也在于此。当地的国王们自然把希腊城市视为经济资源，而罗马人却把它们看作存钱罐，通过税收将其榨干。这些税金原本就已经高得离谱了，那些腐败的税收人员还要跟讨好上级的罗马官员相勾结，将税金进一步提高。这样便造成了恶性循环，高税金导致了叛乱，为惩治叛乱则开出更高的税金和罚金，而结果又会引发更多的叛乱。这种不合理的体制实行了将近一个世纪，东方的不少城市在经济上都处于崩溃的边缘，多数人口不得不前往西方，或去寻找更好的生活，或为了偿还债务而沦为奴隶。

也许下面的情况会令人感到惊讶，那就是希腊文化在幼发拉底河以东的帕提亚诸王的统治下得到了最好的发展。这些国王没有理由反对希腊文化，于是便对希腊文化的许多形式给以热情的支持。实际上，公元前 49 年，罗马将领克拉苏在征服帕提亚的尝试中失败身亡，当这位战败将领的首级被呈给帕提亚国王时，后者正在观看一出由雅典悲剧作家欧里庇得斯创作的戏剧。我们看看来自同时代希腊城市的硬币，其反面用希腊语展示着希腊作品中的主题，正面描绘的则是亚洲国王，有时让人觉得未免格格个人，看起来十分古怪。

这些幼发拉底河以东的希腊城市将会成为知识的仓库，继续储存希腊思想家和科学家的作品，即便在数个世纪以后，罗马帝国被蛮族攻陷，它们也依然发挥着这样的作用。在一定程度上，正是这些保存在东方的希腊早期作品开启了伊斯兰的科学时代，而十字军东征期间对其文本的再发现，更是在欧洲掀起了文艺复兴运动。

埃及托勒密王朝

塞琉古帝国覆灭之后，只剩下了一个完整的希腊化王国，那就是埃及。托勒密王国的幸存基于两个因素：一是埃及的地理位置，使得此处易守难攻；二是托勒密诸王的外交政策，大致而言，那就是无论罗马人提出什么样的要求，都予以满足，从而避免给他们留下任何入侵的借口。

值得欣慰的是，尽管所有逐渐衰弱的希腊化王国都被堕落的王朝内斗所困扰，但是由早期托勒密诸王所奠定的坚实基础，还是最大程度地保证了王国的平衡。在埃及民众面前，托勒密诸王努力把自己打扮成本土之子，并且取得了极大的成功，以至于今天很少有人意识到，那位埃及托勒密王朝的最后一位统治者克娄巴特拉，实际上是一名血统纯正的希腊人。托勒密诸王不仅注意照顾民众的宗教情感，而且还修建雄伟的寺庙，倡导宗教崇拜，通过这些方式，他们使自己被广泛接受。当然，若干民族主义叛乱表明，埃及民众并未完全信服他们，但是这些叛乱更多的是针对后期托勒密诸王的恶政和无能，而不是针对他们的非埃及出身。

就把叛乱控制在最低限度而言，有三种策略尤其管用。首先，托勒密诸王跟祭司们合作，把国家许多地方的统治权都交到他们手中，以此换取了平民的安分守己，以及税款的及时缴纳。其次，尽

图 44　罗马镶嵌画中的尼罗河，约公元 2 世纪。埃及被认为是一片神秘的土地，充满了极富异域特色的野生动物。

管政府的高级职位是留给希腊人的，但是政府对于希腊人的定义却毫无种族主义色彩，且令人耳目一新。基本上，如果有人说话像希腊人，又崇拜希腊诸神，并且对希腊文化表现出足够的熟悉，那么他就可以被算作希腊人，即使他的祖先从未离开过尼罗河沿岸。

最后，托勒密诸王采用了一种原始封建制度来维持军队的希腊化核心，即通过给予移居者土地来换取他们服兵役。当对军人有大量需求的时候，在这支核心军队之外还有两方面的补充，一是埃及占领黎凡特期间在那里征募的军人，二是动用埃及财政直接征用的大量雇佣兵。（军人需求的上升主要出现在跟塞琉古帝国发生冲突之时，其他时候便可省下供养常备军的开销。）相比之下，当地的埃及部队很少派上用场，这既是因为马其顿人瞧不起他们，也是因为一旦他们得到训练，就会表现出令人担忧的叛乱倾向。

这些叛乱在托勒密四世的软弱统治下达到了巅峰，当时有一些地区干脆脱离王国，并且指定了属于他们自己的"法老"。不过，托勒密五世控制住了这些叛乱，尽管他采用的是严厉的军队镇压方案，并没有解决根本问题，即民众对于高额税收和政权无能的怨恨。实际上，托勒密五世表现得残暴而狡诈，几乎没有做过什么让臣民高兴的事情。正是在他统治期间，托勒密王朝曾颁布过一项法令，以三种文字写成，即世俗体文字（当时埃及人所使用的标准书面语言）、希腊文字和象形文字。该法令幸存的一大部分是在拿破仑时

图 45　罗塞塔石碑的局部。雕刻的文字用三种语言写成：世俗体、古希腊语和象形文字。事实证明，这是初次翻译最后一种语言的关键。

代发现的，如今依然可以在大英博物馆里看到，因其发现的地点而得名罗塞塔石碑。事实证明，这个文本是理解以前那些无法破译的象形文字的重要根据。由此，数千年的埃及历史得以向现代学术界敞开大门，罗塞塔石碑也便成为考古学历史上最重要的发现之一。

希腊在埃及

亚历山大里亚始终是这一时期的希腊文化之都，但是一座更加古老的希腊城市也依然活跃着，那就是贸易港口瑙克拉提斯。考古学证据表明，跟亚历山大里亚相比，瑙克拉提斯可以更好地代表希腊文化和埃及文化的融合，因为这座城市既拥有供奉埃及诸神的辉煌庙宇，也拥有祭拜希腊诸神的壮丽殿堂。（亚历山大里亚被分割成希腊人、埃及人和犹太人三个聚居区，这些群体都不喜欢其他群体，在整个古代时期，暴乱和文化冲突是亚历山大里亚生活的一个不变的特点。）顺着尼罗河而上，深入内陆约 640 公里，那里的托勒密城可以代表希腊文化。这座城市一直都是希腊文化的边远基地，其创建者托勒密一世原本就希望它成为上埃及地区的首都。考古学显示，托勒密城有一座希腊剧院，还有分别献给希腊诸神和埃及诸神的庙宇，在供奉的选择上可谓不拘一格。

这些主要的定居地周围环绕着较小的城镇，它们也都有属于自己的体育场和剧院。这样的希腊文化小岛存在于一成不变的埃及内陆，看起来似乎很奇怪，但是希腊城市的文化已经十分发达，以至于从克里米亚半岛至伊比利亚半岛，都有独立的希腊殖民地在繁荣发展，而埃及自然也不例外。

后期的托勒密诸王一边忙于跟日益衰微的塞琉古帝国打仗，一边忙于跟罗马加强外交。同时，王朝还被一系列自相残杀的争斗所纠缠，觊觎王位者既在地中海的数次战役里针锋相对（塞浦路斯曾几度易手），又纷纷抢着派出外交使团寻求罗马的支持。当托勒密八世指责亚历山大里亚的知识阶层支持他的一名竞争者时，家族内部的斗争便发展成了对知识分子的迫害。城门失火殃及池鱼，他屠杀并流放了几十名学者，永远地破坏了亚历山大里亚推崇自由思想和学术研究的声誉。

后期托勒密王朝的一个有趣特点是女性（通常名为克娄巴特拉）经常执政，跟她们的丈夫或儿子一起统治国家。一个很好的例子是克娄巴特拉三世，她嫁给了托勒密八世（他最初娶了她的母亲克娄巴特拉二世）。当这位托勒密在公元前116年去世以后，克娄巴特拉便跟她的母亲作为摄政王，辅佐托勒密九世。不过，克娄巴特拉三世认定，她的另一个儿子托勒密十世才是更好的选择，于是她便让他当上了法老。事实证明这是错误的，因为几年以后，托勒密十世便派人杀害了他的母亲，成为唯一的统治者。

托勒密王朝坚持与罗马人交好，这一策略使得这个王国的独立维持到了公元前 1 世纪中叶。接下来问题就变得比较复杂了。经过数场叛乱和刺杀之后，埃及的统治者成了嗜酒的托勒密十二世（"吹笛者"）和他的女儿兼摄政王克娄巴特拉七世（普遍被认为是历史上最有名的克娄巴特拉）。在她的父亲死后，又经过一系列宫廷阴谋，克娄巴特拉被废黜了，那些阴谋的策划者正是她的弟弟兼丈夫托勒密十三世，还有野心勃勃且诡计多端的侍臣。

与此同时，罗马正在恺撒与庞培之间的内战中苦苦挣扎。当战败的庞培逃往埃及时，克娄巴特拉正处于半流放状态。托勒密十三世大权在握，他认定讨好恺撒的最佳方式就是杀了庞培，并把他的首级献给恺撒。结果证明他的判断严重错误，对于这场谋杀，恺撒火冒三丈，而非心满意足。因此，当克娄巴特拉让人把自己偷偷地运到他面前时（据说是卷在一张地毯里），恺撒轻而易举地就被说服了，他决定支持她夺回王位。他们两个的合作十分紧密，以至于还生下一个儿子，通常被历史学家们称作"恺撒里昂"[1]。

在恺撒的帮助下，经过一场简短却激烈的战争，克娄巴特拉恢复了权力，但是随后的稳定期只是暂时的。公元前 44 年，恺撒遭到刺杀，罗马再次陷入混乱之中。克娄巴特拉对于埃及的事务几

---

[1] 恺撒里昂：Caesarion，拉丁语，意为"小恺撒"。

乎没有发言权，因为在罗马的政治活动中，埃及被分配给了三头联盟[1]之一的马克·安东尼。于是，克娄巴特拉便开始跟这位新伙伴紧密合作，而安东尼也发现这种合作非常愉快，结果克娄巴特拉又生下了几个孩子。

　　然而，克娄巴特拉跟马克·安东尼一派走得太近了。安东尼的对手是屋大维，这个男人日后将成为罗马的第一位帝王，即奥古斯

图 46　两个克娄巴特拉。一枚当时的硬币显示，克娄巴特拉希望她的臣民把她看作一名成熟、负责的统治者，而非蓬佩奥·吉罗拉莫·巴托尼在这幅 18 世纪画作中所描绘的蛇蝎美人。

---

[1]　三头联盟：triumvirate，恺撒死后，由屋大维、安东尼和雷必达组成的三人政治联盟，其将罗马世界三分，雷必达统治西部，屋大维统治意大利，安东尼统治东部。亦称"后三头同盟"，对应于"前三头同盟"，即公元前 60 年由克拉苏、庞培与恺撒结成的秘密政治同盟。

都·恺撒。屋大维宣称克娄巴特拉导致安东尼堕落，并指责她欲将安东尼作为傀儡以图统治罗马，因此对埃及宣战，这也就逼迫安东尼加入了克娄巴特拉的防线。

于是，埃及托勒密王朝的最后一场战争，其实只是两名权势强大的罗马人之间争斗的一个副产品。在公元前 31 年的亚克兴战役中，马克·安东尼溃败了，他的多数军舰也遭到毁灭，而最后一个独立的希腊化王国也随之陨落。克娄巴特拉不想作为一名囚犯被带到罗马，她选择了自杀，而埃及则成为罗马的领土。

经过将近三个世纪，希腊化时代结束了。

第七章

希腊在罗马

"**被**俘虏的希腊俘虏了她那粗鲁的征服者，并把她的艺术带给了原始的拉丁姆[1]。"在公元前 1 世纪的最后数年间，诗人贺拉斯曾如是宣称（《书札》，2.1.156—7）。那时候，"希腊"指的是位于亚加亚和马其顿的罗马行省，而这些地区的民众已经在罗马统治者发起的内战中遭受了无数痛苦的折磨。

此前，苏拉的军队在希腊跟本都国王米特拉达梯争斗，并洗劫了德尔斐和雅典。恺撒在希腊击败了庞培，而后他的遇刺身亡又给希腊带来了战火。就连贺拉斯都在希腊打过仗，尽管他并非一个合格的士兵。（他曾坦白承认，自己丢下护盾逃命去了。）公元前 31 年的亚克兴战役是罗马内战的高潮，将奥古斯都推上了权力的巅峰，那场战役也发生在希腊海岸附近。西塞罗的同僚曾在一封信中描绘了这些军队交战造成的混乱与破坏：

> 在我离开亚洲的途中，从埃伊纳岛向墨伽拉航行时，我不禁环顾四周，身后是埃伊纳岛，前方是墨伽拉，右边是比雷埃夫斯，左侧是科林斯。曾几何时，这些地方都无比繁华，可如今，它们却破败不堪，满目疮痍。（《塞尔维乌斯·苏尔皮基乌斯致西塞罗》，《致友人书》，28）

---

[1] 拉丁姆：Latium，位于意大利中西部的地区，罗马城在这里创建，后来发展为罗马帝国的首都。

　　尽管小亚细亚和东方的其他希腊领地并没有像希腊那样遭受战争的严重伤害，可是由于罗马权贵对税金和资源贪得无厌的索取，这些城市在经济上也被摧毁殆尽。数以万计的民众无法支付债务的高昂利息，都被船运到罗马当奴隶，而他们的财产则被没收。几乎花了一个世纪的时间，小亚细亚才重获在罗马内战中失去的经济基础，至于希腊本身，却从未真正得到恢复，在古代剩余的时间里，始终是死水一潭。

　　没错，尽管如此，移植到罗马土壤中的希腊文化却仍然茁壮成长。那些生活在共和国末期或帝国初期，有着良好教养的罗马贵族，无一例外，都会说希腊语和拉丁语，而且随时都能引用荷马的作品（实际上也经常这样做）。当奥古斯都对他的女儿感到失望时，便曾引用《伊利亚特》中的诗句来叹息，"啊，一生未婚，至死无子"。当他看到一同洗澡的伙伴露出硕大的生殖器时，便粗俗地评论（还是出自《伊利亚特》）："那个男人的标枪投下了长长的影子。"

　　实际上，奥古斯都的一位姻亲曾为已故的西塞罗的朋友，由于其长期待在希腊的阿提卡，并且非常喜欢那个地方，因而获得了"阿提库斯"[1]的绰号。奥古斯都还赞助过一位腼腆的年轻诗人，名叫维吉尔，他接受了一项任务，那就是用一部史诗描述罗马人的起

---

[1]　阿提库斯：Atticus，拉丁语，意为"来自阿提卡"。

源。这部直接衍生自《伊利亚特》的作品便是著名的《埃涅阿斯纪》，它坦率而刻意地利用希腊神话创造了一个传说，即罗马是由维纳斯（阿佛洛狄忒）的一个后代创建的，这个后代则是从希腊对特洛伊的洗劫中幸存下来的。《埃涅阿斯纪》有意识地用拉丁语续写了希腊神话传统，这种现象表明希腊—罗马文化已经非常接近融为一体

图 47　文化融合。这尊约公元 150 年的希腊女神（涅墨西斯）的小型雕像以罗马皇后为原型，出土于埃及。

的状态了。

　　对于一位有钱的罗马人而言，在自家中庭摆放希腊雕塑是一个标准做法，或者至少也要放上希腊雕塑的罗马仿制品。当罗马人对裸体的不适跟希腊人对裸体的欣赏发生冲突时，我们还是可以看到一些文化不够和谐的迹象。然而，希腊思想毕竟慢慢地流行起来，首先是诸神在罗马雕塑中以裸体的形象出现，接着是神话中的人物，然后是死去的英雄，最后是活着的人类。因此，当奥古斯都的妻子利维娅意外地撞见一群裸体男人时，她说他们"在她看来与雕塑无异"，从而消除了所有的尴尬。

　　当然，罗马还是在这场文化斗争中扳回了一城。希腊雕塑极为理想化，而罗马人却力求写实的肖像风格。结果便可以在一些雕塑（例如纽约大都会博物馆里的那些）中看到妥协的痕迹——罗马名人那满面皱纹和秃顶的脑袋立在了希腊青年运动员肌肉凸起的身体上，罗马君主的威严头颅安在了希腊少女完美丰腴的肩膀上。

　　同样的妥协也可以在建筑中看到。罗马人喜欢用混凝土，这是一种持久、易塑却不太好看的材料。因此，许多罗马建筑，包括公共和私人建筑，都是坚实的砖块加混凝土，但其表面却覆盖着希腊风格的大理石，而且还被毫无实用价值的柱子支撑着。在希腊建筑柱式[1]中，这些柱子分别属于拘谨内敛的多利安（斯巴达）风格、

―――――――――――

[1]　柱式：order，建筑学术语，指一整套古典建筑立面形式生成的原则。

轻松活泼的阿提卡（雅典）风格或者华丽炫耀的科林斯风格。有时，罗马建筑会混合搭配这些风格，比如马塞卢斯剧场和弗拉维圆形剧场（罗马斗兽场），每层都采用一种不同的希腊建筑柱式。维特鲁威在他的著作《建筑十书》中提到一些例子，可以清楚地表明罗马建筑（architecture，这个词本身便出自希腊语 arkhitekton）的希腊起源：

> 从柱子的形态得出了三种柱式的名称，即多利安式、爱奥尼亚式和科林斯式，其中科林斯式出现最早，源自原始时代。当多鲁斯——赫楞跟仙女皮提亚之子——统治希腊地区和整个伯罗奔尼撒半岛时，他建造了一座"费恩"（一种小型寺庙或神殿），位于朱诺管辖的古代城市阿尔戈斯，恰好便是这种柱式，后来他又在亚加亚的其他城市建造了柱式相同的一些"费恩"。（4.1.3）

其实罗马人原本就是出色的建造者，他们对拱形结构和三维拱形（穹顶）的运用远远胜过希腊人所创造的任何建筑结构。然而，罗马人却如此全面地吸收了希腊人的建筑风格，以至于他们总是尽量让自己的建筑看起来更像希腊建筑。举例而言，大多数公共建筑的正面都有柱子和楣梁——这种形式至今仍被西方建筑师用在大型公共建筑上，诸如政府办公楼、银行、图书馆和法院等。

尽管罗马人热情地采纳了希腊古典时期的主题，但他们还是假装自己鄙视当代的希腊人，就像大加图以前的做法一样。（不过，小加图却彻底接受了希腊斯多葛派哲学，以至于他有时被称作"斯多葛派"加图。）因此，当奥古斯都在埃及的时候，他曾前往亚历山大里亚，向依然保存完好的亚历山大的遗体表示敬意。当被问及是否也想看看托勒密诸王的陵墓时，这位帝王嗤之以鼻，"我是来拜见逝去的英雄，而并非参观一堆无用的尸体"。

图 48　尽管位于古罗马城市广场，这座安东尼·庇护的庙宇（建于约公元 158 年）却拥有科林斯式的古希腊门面。上层建筑是后来添加的。

虽然如此，在文化战线上大获全胜的还是希腊，这是毋庸置疑的事实。以下情况也很好地反映了这一点：一方面，希腊的医药、戏剧、服装、烹饪和教育在希腊化的西方罗马已经十分普及，而另一方面，希腊化的东方却几乎没有采纳什么拉丁习俗，除了罗马人喜欢观看角斗的恶俗之外。同时，虽然在管理方面偶尔会用到拉丁语，但是科伊内语依然是罗马帝国东部的通用语言，除了少数管理者之外，在东方没有人会费力去学习拉丁语，尤其是跟他们打交道的那些罗马人已经把希腊语说得很好了。

唯一让希腊文化黯然失色的领域是战斗。罗马军团已经坚定有力地证明，只需要在这一点上占据优势，罗马便可以成为希腊的主人，而壮观的希腊方阵和长矛步兵已然成为历史陈迹。如果有机会，装备更加灵活的罗马军官也许可以影响早期希腊战士的风格，只是那种曾经被希腊化国王积极操练的战斗风格如今已从地中海世界消失得无影无踪，罗马军官们没有用武之地了。

“罗马”哲学家

公元 1 世纪，知识的火炬在许多方面都从希腊传递给了罗马，尽管在某些方面还可能令人产生误会。斯多葛派哲学家爱比克泰德主要在罗马讲学及研究，但他是一名希腊人，一直用希腊语写作，最终退居到东部希腊地区，年轻时他就是从那里被带到罗马的，不过是作为一名奴隶。斯多葛派哲学强调关注自我，忽视外部因素，因而吸引了罗马贵族，尤其是他们正处于帝国式的管理体制中，对各种事务都没有多少发言权。罗马的元老们很快便意识到，奥古斯都所谓的"恢复共和国"只是一个骗局，他们实际上都生活在伪装的军事独裁统治之下。然而，斯多葛派哲学却告诉他们，没有任何人是奴隶，除非自认为如此，而究竟能够承受多少，则完全取决于每个人自己的判断。

也许有人会觉得，这可以让斯多葛派哲学吸引帝国之中那些更受压迫的阶级，但据我们所知，这派哲学主要还是吸引贵族阶级，后来甚至将帝王马克·奥勒留（161—180 年在位）发展为信徒。他的《沉思录》（这是少数真正由帝王撰写的文本之一）包含了许多箴言警句，比如："你可以掌控自己的思维，而难以把握外部的事务。"遥想当初，在雅典的斯多阿，芝诺可能也提出过这样的观点。

另一位颇为投入的斯多葛派学者是塞内加，他是尼禄帝王的近臣，最后被这位忘恩负义的暴君处死了。塞内加有不少《致卢西里乌斯的信》，内容大都是谈论斯多葛派哲学。他在里面坦白承认，他的自律皆归功于希腊。信中还提到一些希腊哲学家及其理论，并引用了希腊戏剧的片段和希腊谚语（当然，所引皆为希腊原文）。

政治家、雄辩家西塞罗也认为自己是哲学家，当被逐出政治生活的时候，他都是通过撰写哲学文本来安慰自己。他主要是一名学院派的怀疑论者，崇尚柏拉图曾在雅典创建的哲学流派。作为怀疑论者，西塞罗可以自由地接受任何他觉得可信的观点，所以他能够从其他哲学流派（大多数时候都是斯多葛派）中挑选自己感兴趣的内容。按照苏格拉底留下的传统，西塞罗喜欢用对话来阐述思想。他不太喜欢伊壁鸠鲁派，尽管这是他那位亲希腊的朋友阿提库斯所信奉的哲学。现代的伊壁鸠鲁主义者之所以会被冠上沉溺于美食、美酒和情色的名声，一个重要的原因正是西塞罗对伊壁鸠鲁派哲学的误解。

　　几乎所有罗马人都对哲学论述的原则非常熟悉，尤其是许多年轻的罗马贵族都曾前往东部，到希腊各派哲学的源头去学习。实际上，当未来的帝王提比略觉得自己受够了罗马（及其放荡的妻子朱莉娅）时，他便退居到罗德岛，在那里：

　　　　他经常去哲学老师讲课的学院和教室，有一次，对立的两派诡辩学者发生了一场激烈的争执，他也参与其中，并且表现出对一方的支持，结果一个家伙居然胆大包天地辱骂他。（苏埃托尼乌斯《提比略传》，11.3）

　　至于其他人，比如伊壁鸠鲁派的卢克莱修，则以诗歌为媒介，详细阐述一些极为先进的理论。他的六卷长诗《物性论》建立在希腊哲学家伊壁鸠鲁著作的基础上，并且涵盖了多种多样的主题，包括天文学、原子论和进化论等。在 18 世纪的启蒙运动时期，卢克莱修成为科学的灵感之源，其在当时的重要性丝毫不亚于在他所生活的那个时代。

在罗马帝国中，希腊哲学有着如此重要的地位和影响，希腊文化亦然。希腊化国王的希腊帝国已经消失了，但是希腊文化却作为一个更大整体的一部分存活下来，而且希腊文化对这个整体的改变

图 49　弗朗西斯科·祖卡雷利《西塞罗发现阿基米德之墓》，1747 年，布面油画。

要远远多于这个整体对希腊文化的改变。

两位亲希腊的帝王

我们已经看到，许多共和国时期的罗马人都努力接受希腊文化的方方面面，比如"征服非洲者"西庇阿便是如此。当希腊化的东方成为罗马帝国的一部分以后，这种趋势仍在继续。如上所述，提比略已被希腊吸引。然而，第一位自觉地争取成为罗马元首兼希腊化君主的帝王，却并不是这一类型的最好例子，因为他不是别人，正是那位臭名昭著的尼禄。当然，看看后期希腊化国王的悲惨下场，或死于他们的妻子、孩子之手，或被其他尚未受到惩处的家庭成员所杀掉，相比之下，尼禄杀害他的妻子、母亲、继弟以及（有可能包括）养父的行为，也就不值得大惊小怪了。

对于尼禄而言，亲希腊主义是互惠互利的，帝王接受希腊文化，作为回报，他的统治得到拥护，尽管这种拥护主要来自帝国的东部地区。（他在那里非常受欢迎，以至于他被推翻后，民众还深感痛惜。）在罗马同胞面前，尼禄曾为自己喜爱战车比赛而辩护，他说《伊利亚特》里的英雄们也是亲自驾驶战车，而且像他一样，都喜欢演奏七弦竖琴。

后来，尼禄的敌人故意散播传言，利用其对七弦竖琴的爱好来反对他。传言说，当罗马在公元 64 年的大火中燃烧时，这位帝王却由燃烧的城市产生灵感，即兴创作了一首讲述特洛伊覆灭的诗歌。（还有一个更为虚假的传言，说尼禄在罗马被烧的时候正在拉小提琴，这显然是不可信的，因为古代没有小提琴。）

尼禄跟大多数罗马人一样，也喜欢希腊雕塑及同时代的亚历山大里亚派诗歌[1]，而且爱好的程度更深。不过，他也仍然沿着罗马人的足迹前行，只是有所拓展而已。这位帝王精通希腊语和拉丁语（他甚至偶尔在罗马元老院面前用希腊语演讲），跟罗马相比，他更喜欢待在像那不勒斯这样的地方，沉浸在大希腊地区的文化之中。实际上，这位帝王垮台的一个重要原因，就是在其统治的最后数年中，他没有坐镇首都，收拾不断恶化的政局，而是踏上了一次漫长的希腊之旅。

在希腊的时候，尼禄把"自由"还给了当地的民众。他还发表了一番意味深长的言论，说他非常遗憾的是，未能在希腊处于巅峰时期的时候这样做，因为如今能享受自由的希腊人实在是太少了。这个自由包括税收减免和很大程度上的自治权（许多城市立即得寸进尺，展开了城市之间的竞争与冲突）。当尼禄的继承者韦帕芗掌权之后，这个自由很快就被收回了。韦帕芗认为，在他看来，"希

---

[1]　亚历山大里亚派诗歌：Alexandrian verse，主要指诞生于希腊化文化中心亚历山大里亚的诗歌，包括史诗、抒情诗、哀歌等多种形式，对罗马文学影响深远。

腊人已经忘记如何过自由的生活了"。

现代历史学家米利亚姆·格里芬在《尼禄——一个朝代的终结》（1987 年）中写道：

> 在这一时期……"希腊人"是一个语言和文化分类，包括生活在小亚细亚、叙利亚、巴勒斯坦、埃及和昔兰尼的希腊城市里的居民。不只是亚加亚和亚洲的希腊人注重古代文化传统……来自所有希腊人分散地的作家们也同样在歌颂古代希腊的历史。

因此，喜爱希腊的尼禄不仅追踪希腊大陆的历史渊源，而且还关注更加广泛的古代希腊世界。实际上，当陷入困境之时，尼禄还考虑过要逃离罗马，去往亚历山大里亚，靠演奏七弦竖琴谋生。

罗马最亲希腊的帝王哈德良有时被称作"格劳库鲁斯"[1]，以此嘲讽他给予东部希腊地区的关注和重视。这种关注的结果是为该地区提供了大量公共福利，包括修复道路、庙宇和澡堂，这也是企图让东部希腊地区完全融入帝国的一种坚定的尝试。哈德良对青春期少年的性偏好也被罗马人视为典型的希腊作风，尽管许多跟他同时

---

[1] 格劳库鲁斯：Graeculus，拉丁语，意为"小希腊人"。

期的拉丁人也有这种恶习。

　　哈德良在希腊接受教育，做了帝王以后，他被邀请成为一名雅典公民。他不仅接受了邀请，而且还担任了一年的雅典执政官。在这座他最喜欢的城市里，哈德良兴建了许多庙宇和一座图书馆，还亲自改革了这座城市的法律。虽然他集中精力让希腊人成为自己的伙伴，但并没有试图把西方文化强加于他们身上。相反，他似乎接受了帝国分为东西两部分的状态，而且认为这两部分应该沿着各自的路线发展。从某种程度上来讲，这违背了罗马人的传统观念，先前他们总是把东方看作一个任其剥削的资源。这也标志着一种趋势的开始，这种趋势最终会见证罗马帝国的分裂，那就是一边为希腊

图 50　尽管在性格上非常不同，但是尼禄皇帝（左）与哈德良皇帝（右）都热爱希腊艺术和文化，并且在帝国内积极地加以提倡。

语言和文化，另一边则融合了希腊文化、拉丁文化和"蛮族"文化。

哈德良对文化帝国主义有着自觉的克制，至于克制的程度，则很清晰地体现在一个不那么克制的例子中。这件事情发生在犹地亚，从马加比家族的时代开始，那里就一直酝酿着某种希腊化犹太人和保守派犹太人之间的文化战争。早在公元66年，就已经有一场叛乱爆发了，这场叛乱（尽管根本原因埋藏得更深）是由于希腊人在一座当地的犹太会堂前举行祭祀，而亲希腊的尼禄拒绝阻止这种行为，犹太人对此十分愤怒。

与之相同的是，在哈德良统治下爆发的那场武装叛乱也有许多经济和社会原因，但直接的导火索出现在公元130年，当时哈德良拜访耶路撒冷，发现这座城市依然荒废不堪，那是由于它在公元66—70年的叛乱后遭遇了罗马人的洗劫。哈德良提议重建这座城市，犹太人自然非常高兴，可是他们发现，这位帝王在脑海中设想的是一个典型的希腊化城市结构，包括澡堂、体育场和异教庙宇。于是，他们的喜悦迅速变成了怨恨。还有一种真实性存疑的说法，那就是哈德良还打算禁止割礼的实施，他跟大多数希腊人一样，将其视为一种破坏生殖器官的行为（《哈德良》，《罗马君王传》，14）。这种鲁莽导致了一场全面的战争，从公元132年一直持续到136年，有数万名犹太人被屠杀和驱逐。怀恨在心的哈德良决定为犹地亚改名，并且很可能是故意地选择了非利士人的居住地为其命

图 51　这尊雕像位于蒂沃利的哈德良宫殿，乃罗马帝国后期对希腊重装步兵的理想化表现。

名，那正是犹太人的仇敌。从此以后，这个行省的罗马名称便成了叙利亚巴勒斯提纳[1]。这造成了至今依然难以解决的犹太人和巴勒斯坦人之间的分歧。

亚历山大里亚的希罗

大约在公元 66 年，第一次犹太战争爆发的时候，亚历山大里亚最后且最重要的希腊科学家之一刚刚度过了其壮年期，他就是希罗。跟许多科学界的前辈一样，希罗也受雇于那座著名而一直令人尊敬的亚历山大里亚图书馆，虽然他从未把自己的成果整理成正式文本，但是图书馆似乎保留了他的许多讲义。在希腊化埃及陷落之后，这些讲义被翻译成阿拉伯语，直到很久以后，才被西方重新发现。

在现代读者看来，希罗非常有意思，这是因为，尽管他的兴趣及其发明在那个时代里似乎只是漫无目的的研究而已，但对于 21 世纪的生活来说，反而变得不可或缺了。其中一个例子是他为一座庙宇制作的圣水分配器：当一枚硬币被插入这台机器的狭槽时，它会顺着通道滚动，掉在一个盘子上。如果硬币的重量正确（狭槽的

---

[1] 叙利亚巴勒斯提纳：Syria Palestina，将非利士人居住地的闪米特语名称转写为拉丁语是 "Palestina"（巴勒斯提纳），哈德良给犹地亚改名为 "巴勒斯提纳"，又将其与叙利亚合为一个行省，故有此称。

形状已经决定了它的尺寸正确），那么这枚硬币就会让一个天平倾斜，而盘子会下降，对面的天平臂便会抬起阀门，让圣水流进容器里。最后，盘子的角度会引导硬币滑落，天平恢复平衡，水流便中断了。一言以蔽之，希罗已经发明了投币式自动贩卖机。

希罗还构思出了一辆"自动车"，尽管实用性非常有限。这是一辆马车，绳子缠绕着车轴，并且系于某个重物上。随着重物坠落，绳子便会解开，使得马车向前移动。通过把绳子依次缠绕在两边的轮子上，希罗可以让这台机器前进，并且按照预先定好的路线转弯。

如果希罗把这个想法跟他的汽转球结合起来，也许会使"自动车"得到进一步发展。汽转球是世界上最早的蒸汽机，它并不是由希罗发明的，因为在更早的文献中就曾提到过这类装置，不过他是第一个详细描述这台机器是如何运转的人。这台蒸汽机基本上就是一个水力火箭，把来自沸水的蒸汽运入一个空心球中，朝相反的方向喷射。当蒸汽在压力下释放时，这个球就会旋转。

希罗的同时代人将这台机器视为有趣却无关紧要的东西，不过另一个打开庙宇大门的装置却给他们留下了更加深刻的印象。那个装置通过加热水，让蒸汽在一个容器中冷凝，最终产生足够的动力推开大门。在水力学领域，类似的探索创造了受到水压操纵的喷泉，以及消防员用来喷水灭火的压力泵。

在纯数学方面，希罗还提出了一个计算三角形面积的公式——

首先把三条边的长度加起来，得出三角形周长的一半（s），然后求出 s(s-a)(s-b)(s-c) 的平方根，即为三角形的面积，其中 a、b 和 c 为三角形的三边。这是平面几何学的重大进展。

此外，希罗也研究过杠杆和吊车，考虑如何利用它们制造投石机，作为战争的武器。他还写过一部关于光的本质的著作（《反射光学》），讨论了反射问题，并发现光总是要走两点之间的最短路线。

基督教

公元 1 世纪，在东部希腊地区产生的另一个现象将会在日后带来巨大的影响，这便是基督教的兴起。作为宗教发展的产物，基督教非常重要，在同时代人的眼中，它是一种囊括了希腊文化的犹太教形式。早期的犹太教要求其信徒都必须成为犹太人，而基督教却有意识地吸收希腊人和其他"外邦人"。这当然需要一定程度的平衡，正如圣保罗在一封信中所说："犹太人追求神迹，希腊人探寻智慧。"（《哥林多[1]前书》1:22）不过，这封信是写给希腊城市科林斯的基督徒的，这个事实恰恰表明，早期的基督教已经准备要把两方阵营统统纳入其中了。

---

[1] "Corinth"的旧译，今多译为"科林斯"，但是在《圣经》中仍作"哥林多"。

在《使徒行传》和圣保罗的游记中，我们可以看到，罗马帝国的基本制度设计为这个新宗教观念的传播提供了途径。那些早期的传教士们充分利用罗马法律的保护（正如保罗向恺撒上诉[1]的著名行为一样），借助了东部希腊地区的人们能够在城市间自由旅行的便利，以及使用通信保持联系的优势。

虽然基督教迅速在罗马站稳了脚跟，可是它在希腊化世界却传播得最快。正因如此，尽管对于福音书使用的原始语言是什么，大家仍在激烈地争辩，但毫无疑问的是，得到最广泛传播的乃是希腊

图52　一盏赤陶油灯展示了亚历山大里亚港口。这盏油灯很可能是在帝国时期卖给游客和其他来访者的纪念品。

––––––––––––

[1]　据《圣经·新约·使徒行传》记载，犹太人的首领们诬告保罗，而保罗决定行使罗马公民的权利，向恺撒上诉。

语版本，在东部城市间流传的也是这种版本。（一开始本来有许多福音书，最早在公元 2 世纪末期，这些福音书才被删减为最终的四卷[1]。）我们发现，早在公元 1 世纪，作为小亚细亚的本都和比提尼亚行省的总督，小普林尼便写信给图拉真帝王，描述了这种新的宗教，他还询问帝国的主人，应该如何应对。

后来，随着基督教在帝国之中传播，并且吸引了罗马上层社会，它与希腊哲学思想如何相互作用的问题便在教父们中间引起了不少深刻的探索。即使在今天，关于希腊化思想如何影响基督教教义的问题，也仍然有着热烈的讨论。例如，斯多葛派哲学的

图 53 这个 3 世纪的罗马碑文混合了基督教的图案和口号（雕刻的希腊语写着：罗马异教信仰的"生命之鱼"；顶部的 D. M. 代表"Dis Manibus"，意为"献给地下世界里的亡灵"）。

[1] 四卷：指《圣经·新约》中的《马太福音》《马可福音》《路加福音》和《约翰福音》。

许多原则都跟基督教思想非常接近，以至于人们曾经一度相信，斯多葛派哲学家塞内加是一位隐瞒身份的基督徒。无论如何，正是因为基督教和斯多葛派哲学有如此多的共同之处，所以它才能在罗马的希腊化精英之中站稳脚跟，而这也反过来推动了它在罗马帝国后期的发展。

罗马帝国：东部希腊地区与西部拉丁地区

公元 395 年，狄奥多西一世帝王病逝。他是统一的罗马帝国的最后一位统治者，因为他把自己的领土分给了两个儿子：霍诺留将统治西部，而阿卡狄乌斯则管理东部。这种将帝国一分为二的做法，只不过是把一个持续许多年的过程官方化了。实际上，自从东部希腊地区逐渐被视为帝国中自成体系的一部分，而不只是负责向西部运输资源，这个过程就已经开始了。

可以想见的是，这种变化对帝国的西部没有任何好处。东部可以连接通往中东地区的贸易路线，并且在制造业和城市经济方面拥有更深的根基。西部更加贫穷，更为依赖农业，正如现代经济学家会指出的，西部还有长期的贸易逆差。

戴克里先（公元 282—305 年在位）是最早将帝国一分为二的帝王之一，主要是因为他想直接控制东部和西部，以便对当时威胁帝国的种种危机立即做出反应。而后，公元330年，君士坦丁帝王在希腊古城拜占庭的旧址上建立了他的"新罗马"。把这座城市的位置选在博斯普鲁斯海峡，其主要战略目的之一是避免怀有敌意的军队轻易从西部去东部或者从东部去西部。然而，结果证明，通过把他的城市放在这里，君士坦丁为未来的东部帝国提供了一个现成的首都。当瓦伦提尼安一世帝王决定跟他的弟弟瓦伦斯共治帝国时，他接管了战乱频仍的西部，因为其在军事方面更有才能，而瓦伦斯则前往君士坦丁堡掌控东部，这可以说是一个很自然的安排。

狄奥多西死后，罗马帝国正式一分为二。有趣的是，东部地区颇为准确地遵循了那些被罗马帝国代替的希腊化王国的边界。埃及辖区差不多就是托勒密王国——包括昔兰尼加，而色雷斯、达契亚和马其顿合在一起则正好相当于安提柯时期的马其顿王国，东部辖区加上本部和亚洲（小亚细亚）便构成了从前的塞琉古王国（除了那些最初在帕提亚叛乱中失去的东方领土）。

简而言之，在东部的罗马帝国，"独眼龙"安提柯的梦想终于实现了——尽管是在500年之后。除了已经失去的东方王国之外，亚历山大大帝的领土再次统一在了一位统治者之下，这个帝国自称罗马帝国，但是在语言和文化方面却属于希腊。虽然西部的罗马帝国距离灭亡只有不到一个世纪的时间了，但是东部的罗马帝国却还会延续千年之久。

第八章

拜占庭与东部希腊地区的终结

就像"希腊化"一样，"拜占庭人"也是后世历史学家创造出来的一个术语，用以指代东部希腊人。拜占庭帝国的民众自称罗马人，尽管他们是用希腊语来读写这个词的。

在古代末期和中世纪的大多数时候，拜占庭在经济和政治上都是地中海地区最强大的政权，因此，这个帝国在虚弱不堪的西方和东方崛起的新政权之间充当着缓冲区。拜占庭帝国在科学和哲学领域的新建树很少，不过这一文明作为知识的宝库，储藏着先前数个世纪的成就，保存了许多科学家和作家的著作，如修昔底德的史书和阿基米德的作品等。在建筑方面，拜占庭的遗产散见于中东地区和欧洲中部，从叙利亚的清真寺到奥地利的教堂，分布范围极为广泛，其中令人敬畏的圣索菲亚大教堂堪称最杰出的代表，在今天的伊斯坦布尔，它依然是最宏伟壮观的建筑。

有趣的是，在那些从未受到帝国控制的欧洲地区，拜占庭的遗产反而比在其统治的东部地区留存下来得更多。随着时间的流逝，拜占庭帝国失去了它的罗马特征，回归到它的希腊化根源，并且吸收了在中东和埃及取代它的伊斯兰政权的许多文化。在那些被伊斯兰国家征服的土地上，拜占庭和西方文化的影响继续存在并逐渐演变。至9世纪，穆斯林和拜占庭人不仅在战场上你来我往，而且也在医药、数学、天文学和地理学等话题上交换知识。

拜占庭艺术的有名是当之无愧的，而且它的根须远远蔓延到了

图 54　这座位于奥地利乡间的教堂展示了拜占庭建筑风格的遥远影响，这种建筑风格也深深地影响了巴洛克风格。

帝国的土地之外，其影响可以在各种各样的领域里看到，比如俄罗斯的圣像画和波斯的镶嵌画。拜占庭艺术本身主要是宗教的，因为在许多年间，这个帝国始终是基督教信仰的主要堡垒。即便在那些被伊斯兰入侵并夺走的东部土地上，希腊教会也在罗斯人、保加尔人和其他东北部的战士部落之间传播其信仰。今天，根据非常粗略的估算，希腊正教会约有两亿信徒，主要分布在俄罗斯、东欧和希腊。由拜占庭圣徒西里尔的基督教追随者所开发的西里尔字母，乃是希腊字母和斯拉夫字母的混合，它构成了东欧、欧亚大陆和巴尔干半岛书面语言的基础。

序幕：罗马的继承者

有好几个因素阻止了东部的罗马帝国像西部一样崩塌，其中最重要的两个方面是军事和经济。在军事上，尽管帝国东部的军队并不比西部的军队更好，但是他们的任务却较为轻松。我们前面已经反复提及，托勒密王朝统治的埃及拥有多么强大的防御能力，而且后来依然如此。埃及的主要威胁原本是塞琉古帝国，在拜占庭时期，就连这个威胁都被消除了，因为以前的塞琉古帝国的民众如今都站在埃及人那一边了。

在东部帝国，黎凡特和叙利亚属于比较容易受到攻击的区域，但即便是这些地方，敌人进入的唯一途径也只有东边。地中海在西边，友好的安纳托利亚在西南边，埃及在南边，就算从东边进入，侵略者也必须穿过一系列沙漠绿洲。这就意味着，任何进攻者都必须用一条漫长而脆弱的供给链向自己的军队提供粮草。反过来看，正是这一原因，罗马人没能守住美索不达米亚的领土，现在同样的情况也妨碍了希望向西进军的侵略者。

安纳托利亚本身三面环水，在西边，最狭窄的海峡和最薄弱的过境处被君士坦丁堡戒备森严地保卫着。南边是地中海，北边是黑海，东边是险峻的山脉，其通道易守难攻。

因此，当西部的军队不得不保卫漫长而又容易渡过的莱茵河和多瑙河的边界时，东部的军队却很好地被地形保护了，从而更加有效地应对可能出现的威胁。而且，靠着地中海的便利，东部帝国拥有极佳的内部交通线路，可以迅速部署军队来抵御入侵或镇压叛乱。因为各行省比较容易避免蛮族入侵和内战所造成的破坏，所以它们能够保持经济的增长，从而更有能力为那些被调来保卫它们的军队提供经济保障。

同时，一旦跟西部帝国分离，东部也就更容易达到收支平衡。由于文明在东方扎根更深，因而制造业更为普遍，有兴趣交易这些货物换取利润的商业文化也更为繁荣，这在某种程度上要感谢历史悠久的希腊城市文化。而且，西部的边界都是蛮族的荒原，而东部却拥有便利的贸易途径，可以通往中国和印度的富庶文明（现在我们可以把消失的希腊王国巴克特里亚也算入其中了）。在此期间，货物沿着丝绸之路流动，随着季风和信风跨越红海。唯一没有与拜占庭人产生贸易往来的文化群体，正是他们在西部的那些基督教同

图 55 一枚当时的硬币，描绘了"伊索里亚人"芝诺，他的统治极大地巩固了东部帝国。

胞，那是因为贫穷匮乏的西部几乎没有可以提供的物产。

在西部覆灭之后的早年间，有三座伟大的城市在东部占据主导地位：北方的君士坦丁堡、叙利亚的安条克，以及南方的亚历山大里亚，其中两座是希腊化基地，一座是建在希腊古城旧址上的罗马基地。在这些城市中，君士坦丁堡面临着最大的威胁，而它的城墙也相应地非常厚重高大。历代帝王都为这些城墙添砖加瓦并加以修饰，以至于在一千年后，作为一名充满敬畏的见证者，同时也是一位军人的曼纽尔·赫里索洛拉斯这样写道：

> 在我看来，君士坦丁堡的城墙和壁垒（即防御工事）足以跟巴比伦相媲美。矗立其上的塔楼数不胜数，它们是那么壮丽而高大，以至于只要其中一个便能够令旁观者震惊不已。而且，任何人都会钦佩那巨型的阶梯和雄伟的建筑。相比之下，塔楼的大门毫不逊色，内墙（备用城墙，以免外面的城墙遭到破坏）亦是如此，放在任何城市都可以满足防御需要。
>
> 更有甚者，环绕着它们的护城河又宽又深，使得君士坦丁堡就像一座四面临水的城市一样。

即使在较早的时候，君士坦丁堡也很难被攻破，这是显而易见的。来自西部的蛮族入侵者"西哥特人"菲列德根曾想一试身

图 56　瓶子和驴形容器，二者皆以蓝绿玻璃制成（现在由于遭到侵蚀而变成了棕色）。现实中负载重物的驴子在 6 世纪的拜占庭帝国很常见。

手，公元 378 年，他在阿德里安堡击败罗马人后，便率领其军队来到君士坦丁堡的城墙前。他找不到越过这座城市前往东部的路径，也没法攻击这座城市本身，只得闷闷不乐地嘟囔，他一向"跟石墙和睦相处"。的确，自从在一处防御工事前遭到严重打击之后，他便　直遵守着这个约定，何况那个挫败他的地方比君士坦丁堡低级多了。

可以说，在某种程度上，西部拉丁地区的陷落与东部希腊地区的复苏是相对应的，西部陷落的日期通常被标注为公元476年。实际上，在查士丁尼一世帝王（527—565年在位）的统治下，帝国作出了意志坚定的尝试，企图收复失去的土地。帕提亚在蛮族和罗马人的持续攻击下瓦解以后，一个侵略性的帝国便崛起了，它就是波斯萨珊王朝。查士丁尼首先通过击退萨珊王朝的军队证明了东部帝国的高度防御性，然后便把注意力转向意大利和北非，成功地征服了这两个地方（尽管付出了巨大的经济和人力代价）。

拜占庭打算恢复帝国领土的计划被一系列毁灭性的自然灾害阻止了。首先，出现了一轮很不利于帝国的气候变化，原因并不确定，不过中美洲的一次重大火山爆发很可能是罪魁祸首。黯淡的日光和硫黄含量过多的大气层影响了好几年的夏天，导致庄稼无法生长，饥荒肆意蔓延。其次，10年后，帝国又遭遇了已知历史上最具破坏性的瘟疫之一，这场瘟疫很可能是黑死病，这也是黑死病第一次出现在中东和欧洲。由于完全没有这方面的免疫力，以致数百万人丧生，军队兵力大幅减少，破坏了支持军队发展的经济能力。而当帝国从这些打击中逐渐恢复时，腓尼基又经历了一场特大地震，根据当时的记载，单单在贝鲁特一城，便有3万人死于这场地震。

至公元560年，东部的帝国正在苦苦挣扎，竭力让自己保持完

图 57　拜占庭军队守卫君士坦丁堡（一份 13 世纪的手稿《斯基里奇斯古抄本》的细节部分）。

整，而征服西部的动力也就不复存在了。这反映在一项法令上，那是由一位名叫希拉克略的帝王颁布的，他是查士丁尼的继承者之一。在希拉克略的统治下，帝国的所有官方信函都是用希腊语写的，而拉丁语则基本被废弃了。东部的罗马帝国也许依然会自称"罗马帝国"，可是正如后世的历史学家们所意识到的，这个帝国乃是一个不同的实体，因此他们赋予了它一个不同的名字，那就是拜占庭帝国。这一帝国是基督教和希腊化的，包括了将近一千年前亚历山大所征服的几乎所有土地。

一个逐渐衰退的帝国

在 900 多年的时间里，拜占庭帝国的历史既讲述了希腊人是如何慢慢失去自己长久占据的土地，也演绎了希腊文化被穆斯林文化逐渐取代的故事——后者在今天中东的大部分地区以及埃及和黎凡特均占据主导地位。

上文所述希拉克略的统治之所以很重要，还有另外一个原因。在这一时期，罗马人和萨珊王朝的波斯人陷入了一场漫长的消耗性战争，在这场战争中，黎凡特和埃及都曾被波斯人短暂地征服过。波斯人一度进攻到君士坦丁堡的城门外，可是就像先前的入侵者一样，他们也无法撼动这座城市的高大城墙。此后，拜占庭帝国作了一次重要的努力，收复了失去的土地。这场战争使得波斯人和拜占庭人在经济上和军事上都精疲力竭了，正在此时，一个崭新且完全出乎意料的对手出现了。

在 629 年，当希拉克略庆祝拜占庭打败波斯这一来之不易的胜利时，他获悉阿拉伯半岛已经统一在一个新宗教的先知之下了。不过，那位先知穆罕默德早在 620 年便去世了，拜占庭人无疑希望这个新的威胁赶紧消失。然而，在强大的阿布·贝克尔的领导下，阿

图 58　19 世纪的插图很好地描绘了在公元 300—700 年拜占庭帝国上层阶级男女的穿着。

拉伯军队变得越来越难以对付，并且不断地对外扩张。刚开始，阿拉伯人的扩张似乎是针对萨珊帝国的，因此生活在那片土地上的犹太人和希腊人起初很欢迎这些人，其虽为入侵者但看起来像是要把他们从越来越严酷的萨珊政权下解放出来。（萨珊王朝的波斯人由于在跟拜占庭人的长期战争中变得十分虚弱，最终在阿拉伯人的攻势下崩溃了。）

　　在短短几年之内，拜占庭当局便清楚地意识到，随着萨珊王朝的严重削弱，他们的帝国已经见证了一个敌人如何被另一个同样可怕的敌人所取代。曾经是希腊人的、后来成了波斯人的土地现在又被阿拉伯人所占领，而且这些阿拉伯人还带来了他们先知的新信仰。

继而，在 633 年，阿拉伯人向叙利亚进军了。尽管拜占庭帝国由于跟萨珊王朝的长期战争，实力大为减弱，但它依然是当时首屈一指的军事力量。问题在于，拜占庭的将领们低估了阿拉伯人，而且没有重新调整他们的战略思维，从而承认这个威胁来自一个崭新的方向。这一时期留下来的资料令人颇感困惑且零零碎碎，不过看起来，拜占庭人似乎不情愿动用他们的全部力量来对抗阿拉伯人。他们想让多数军队都留在原来的位置，抵御来自东边的经常性入侵，甚至还得让军队留在北方，以防范阿瓦尔和斯拉夫部落的猛烈袭击。

而且，拜占庭人也没有意识到阿拉伯人对沙漠环境的熟悉会使得他们能够从侧面进军，据说这次行军包括一趟穿越叙利亚沙漠的两日滴水未进的旅途。拜占庭人被打得措手不及，失去了巴尔米拉和波斯特拉。然后，在 634 年 6 月 30 日，拜占庭人和阿拉伯人在艾志纳丁相遇，发生了一场激烈的战斗，这个地点的具体位置如今已不得而知，不过应当是在现代以色列的中心附近。结果是阿拉伯军队大获全胜，拜占庭军队损失惨重。

阿拉伯人直奔大马士革，途中击败了被陆续派来阻挡他们的拜占庭军队，后者意在争取时间，让这座城市准备应付即将到来的进攻。经过六个月的围困，大马士革也被入侵军队占领。阿布·贝克尔在围攻中死去，指挥权交给了欧麦尔哈里发[1]。尽管拜占庭人顽强地抵抗并且经历了无数场战役，但黎凡特最终还是落入了阿拉伯人之手，紧随其后的是巴勒斯坦。在 636 年，埃美萨城（即今霍姆斯）也陷落了，这座城市乃由塞琉古一世所创建，罗马塞维鲁王朝有两位帝王都在此长大，随着它的失去，叙利亚西部基本都为阿拉伯人所掌控。

　　拜占庭人发起了大规模进攻，试图重新获得对叙利亚的控制权。636 年，一场长达六日的雅穆克战役把这场战争推向了高潮。这一战役无疑具有重大的历史意义，代表着希腊控制这一地区的漫长历史的一个转折点。拜占庭人被击败了，伴随着阿拉伯人的胜利，希腊对黎凡特和叙利亚的统治永远地结束了。拜占庭人被迫退至安纳托利亚，这里的地形对防御战颇为有利，他们因此能够守住自己的领土。在接下来的数十年中，双方都策划了进一步的入侵，为了收复失去的土地或者夺取更多的领土，然而此刻，拜占庭帝国的边界却只能是稳固的安纳托利亚东北部的托罗斯山脉了。

---

[1]　哈里发：Caliph，自穆罕默德去世以后，伊斯兰政权元首的称谓。

埃及

至此，埃及已经在外来者的控制下度过了将近一千年。自从公元前 323 年起，这片土地就为托勒密王朝所掌管。随着克娄巴特拉七世在公元前 30 年去世，又开始了漫长的罗马统治时期，当先后被东部的罗马帝国和拜占庭人所控制时，它又悄悄地恢复了希腊领土的身份。这些政权的改变几乎没有引起当地人的注意，因为他们的管理者一直都用希腊语和世俗体作为官方语言，而且真正的治理权大部分都被转交给了祭司们。同时，虽然管理者在不断变化，可是这个地方的法律和习俗却一直未变。所以，埃及始终都是一片相对和平的土地，没有像这个文明世界的其他部分那样受到内战和蛮族入侵的打扰。

这一切都结束于 618 年萨珊王朝的入侵和征服，以及随后由希拉克略领导的拜占庭人对埃及的失而复得。接着便是阿拉伯人对黎凡特的入侵和征服，使得埃及被隔绝在外，变得十分脆弱。没过多久，致力于扩张的阿拉伯人便向埃及进军，此时的埃及已是拜占庭政权的一个孤立的边远基地了。639 年，一支小型的阿拉伯军队从加沙进入埃及，发现当地的城镇并没有顽强抵抗，有的地方颇不情愿地投降了，有的地方甚至还表现出一定程度的欢迎。埃及的长官很清楚，君士坦丁堡的援军数量会很少，并且来得会很慢，他便极力地跟入侵者谈判、交涉并拖延时间。不过，在那些当地人强烈抵制阿拉伯入侵者的地区，他们总能击退敌人，因为阿拉伯军队的规模很小。即便当来自叙利亚战争的老兵们抵达以后，哈里发的整个军队也不足 14000 人。

　　随着其领土逐步瓦解，这位埃及长官请求阿拉伯军队开出和解条件。如果君士坦丁堡同意，他准备承认穆斯林在埃及的领主地位，并且允许民众要么皈依新宗教，要么支付人头税作为替代。这种妥协使得科普特[1]基督徒（包括这位长官）成了斗争的中间派，甚或成为入侵者的合作伙伴。不出所料，帝王希拉克略愤怒地拒绝了和解条件，

图 59　通过作品中人物凝视的目光和冷漠的表情，可以立即认出拜占庭艺术，正如这幅圣索菲亚大教堂的基督镶嵌画一样。

---

[1]　科普特：Coptic，指科普特教会，是源于埃及的一个基督教教会。

入侵者也随即对亚历山大里亚发起猛攻，并于 641 年将其包围。

亚历山大里亚是希腊在埃及的化身，拜占庭人准备誓死守卫它。加之，这座城市本身也非常坚固，戒备森严，它还可以从海上得到增援和补给。所以，就坚决保护它的政治决心而言，似乎是可以永不丢失的。然而实际上，它仅仅坚持了 6 个月。

那是因为在布置军队为这座城市解围的过程中，拜占庭帝王希拉克略去世了。随之而来的是宫廷内斗，拯救亚历山大里亚的动力自然消散得无影无踪，而希拉克略的继承者也在短短数月之后病逝。遭到抛弃的亚历山大里亚人士气低落，而阿拉伯人企图夺取这座城市的意志则是坚定不移的，他们的攻击也就难以抵挡。在那之后，就像黎凡特和叙利亚一样，埃及也永久地脱离了拜占庭帝国。东部希腊地区曾经延伸到喜马拉雅山脚下，如今仅剩小亚细亚了。就连希腊自身也基本都落到了蛮族入侵者手中，只有雅典还在顽强地支撑着，不过这种支撑并没有任何战略价值，更多的只是这座城市作为希腊文化摇篮的历史意义。

不断缩小的帝国

拜占庭依然在努力地抵御着咄咄逼人的哈里发，同时承受着北方部落带来的压力，包括新近颇具侵略性的罗斯人。在 674 年，阿拉伯人作了一次坚决的尝试，企图夺取君士坦丁堡。但这座城市挺住了，主要是因为它那雄伟壮观的高墙，加上希腊科学的最后一次绽放。这次绽放产生了一种名为"希腊之火"的物质，令拜占庭的敌人们十分惧怕。希腊之火是一种以石油为基础的液体，在压力下通过管子喷射出来。一旦点燃，它便能够阻挡所有扑灭它的尝试，它甚至可以在水上燃烧，这使得它在对付木船的时候成为非常可怕的武器。

持续的战争不可避免地影响到了帝国的人口。来自蛮族或哈里发军队的频繁袭击逼迫民众放弃了一些城镇，而埃及粮食供应的不足则意味着君士坦丁堡的庞大人口将急剧减少。至 8 世纪，北非已经陷落了，帝国的范围仅仅包括小亚细亚、西西里岛和希腊及意大利海岸上的零星土地。

然而，拜占庭帝国拥有惊人的恢复力。在每次溃败之后，它都会想方设法挣扎着爬起来，尽管随着每次死而复生，它的领土都会比先前少一些，可是大量失去的土地都被重新夺回来了。因此 9 世纪和 10 世纪带来了一场在所谓的马其顿王朝下的复兴，当时整个希腊都被帝国收复了。后来的扩张见证了这个欧洲帝国的进一步成长，直到巴西尔二世（976—1025 年在位）统治期间，多瑙河以南的所有土地都再次处于拜占庭的控制之下，包括希腊、达尔马提亚、马其顿和色雷斯，还有意大利南部的许多地区。

图60 "希腊之火"是拜占庭人使用的顶级秘密武器，对敌人的舰队具有毁灭性的打击效果。这幅图片的标题写着："罗马人的战舰点燃了敌人的战舰。"

　　随着欧洲越来越繁荣，这个帝国跟逐渐复苏的西方建立了贸易往来。同时，不断增长的军事力量则可以使各行省的防御得到加强，也就避免了战争带来的经济破坏。不仅君士坦丁堡的人口攀升至从前的水平，而且贵族阶级也兴旺起来。不过，虽然拜占庭再次成为地区中最富有、最强大的国家，但是农民阶层的生活状态却依然近乎农奴。宗教争论基本代替了科学探索和哲学研究，尽管这个变化也许会使灵魂得到丰富，但是知识发展却失去了活力。此外，和平与安全滋生出一定程度的自满，于是当另一个来自东方的打击降临时，这个帝国又一次表现得措手不及。

塞尔柱土耳其人与帝国的终结

在 9 世纪，塞尔柱土耳其人是伊斯兰国家边缘的一个部落。他们占据了里海周围的一片区域，可是后来却向南转移，皈依了伊斯兰教。从那里开始，他们便走上了稳定的扩张之路。对此，阿契美尼德王朝的波斯人、亚历山大统治下的希腊人、塞琉古人和帕提亚人肯定都会感到非常熟悉。亚历山大的帝国重又统一于新的管理者手中，只是这一次，新的管理层几乎没有任何希腊的成分了。

当土耳其人确立了对黎凡特和埃及的统治之后，他们的下一个目标便是小亚细亚，后者仍在希腊的控制之下。结果，在 1065 年，为了争夺这片希腊在东方的最后一块领土，塞尔柱帝国和拜占庭帝国发生了冲突。1071 年，在一场发生于曼齐克特附近的重大战役中，拜占庭人赌上了一切，他们的军队约 5 万人，根据粗略的估算，面对的敌军规模大致相当于他们的一半。不过，拜占庭军队多数由农民兵和雇佣兵构成，而且将才的匮乏和政治的分歧使得这支军队无法有效地施展力量。许多农民兵，甚至还有一些雇佣兵，都逃离了战场，而帝王及其著名的瓦兰吉卫队则被包围了。卫队的大部分成员都遭到杀害，帝王也被俘虏了。

这位被俘虏的帝王是罗曼努斯四世，土耳其人对他颇为善待，并且收取赎金将他释放了。但其拜占庭同胞却没有那么友好，他一回去就被废黜，还被弄瞎了双眼，并被赶出了君士坦丁堡，不久便由于伤势过重而死去。曼齐克特战役的失败意味着拜占庭人已无力阻止塞尔柱人迁入小亚细亚。这次移民永远地改变了当地的文化结构，这片区域从此便开始向今天存在的土耳其国家演变。

也是在此时，诺曼人（就是那个在 1066 年征服了不列颠的民族）成功地把拜占庭人赶出了意大利南部。因此，在 12 世纪早期，拜占庭帝国仅仅包括希腊的大部分地区，外加君士坦丁堡。尽管这个帝国依然苦苦地守着小亚细亚的西部海岸，然而，希腊世界却已经比两千年前要小了，而且还会继续缩小——这次的沉重打击并非来自东边，而是来自西边。

从某种程度上来讲，下面的事实颇具讽刺意味，那就是在数个世纪之间，拜占庭一直为西欧挡住了哈里发、罗斯人、土耳其人和其他威胁性相对较小的入侵者。随着欧洲从西部帝国瓦解、蛮族入侵和瘟疫造成的不良影响中恢复过来，它的经济也受到了与拜占庭贸易往来的刺激，从而不断增长，日益繁荣。威尼斯和热那亚的商人便跟这种贸易有着很深的关系。

有一个迹象可以显示西方正在增强的力量和自信，那就是东西教会大分裂——希腊正教与天主教会的分离。在 1054 年，利奥九世教皇要求东派教会承认他的至高地位。他派出喜好争论的使者前往君士坦丁堡，结果两边的领导者都把对方逐出了教会。此后便是教会的缓慢分裂，互不相容的教义和习俗在数个世纪的分裂中发展，尽管反复地尝试和解，但是分裂一直在持续。

还是在 11 世纪，已然振兴的欧洲用第一次十字军东征向穆斯林发起了首次反击，夺取了圣地（即黎凡特和今天以色列的许多部分）。拜占庭人则利用这次机会收复了在小亚细亚失去的一些土地，尤其是黑海沿岸的土地。

在 1198 年，十字军准备发起进一步的攻势，这次是要夺回对埃及的控制。不过，埃及仍然是丝绸之路上的关键环节，而丝绸之路则形成了威尼斯繁荣的基础。因此，威尼斯商人周旋于十字军各领袖之间，利用其多样而复杂的政治利益，巧妙地把他们对埃及的攻击转变成了对君士坦丁堡的袭击，须知前者乃由穆斯林控制，而后者则信仰基督教。尽管大为震惊的教皇表示强烈反对，但君士坦丁堡还是被十字军夺取并洗劫一空了。

这场发生在 1204 年的劫难无疑是一次沉重的打击，拜占庭帝国再也没能从中恢复过来。威尼斯人企图控制这座城市，可是他们的力量太软弱，在十字军失去冲劲之后，君士坦丁堡又被拜占庭人重新收了回去。他们向农民征收沉重的赋税，以此来支付修复这座城市的开支，以及组建一支能够保卫帝国残余部分的军队，可是这种做法导致了贫困、叛乱和内战。1453 年，奥斯曼土耳其人向君士坦丁堡衰弱的剩余部分发起进攻，此时的帝国已经处于崩溃的边缘。这座城市的守卫人员在数量上便远远赶不上敌人，自然是毫无胜算。最后一位拜占庭帝王君士坦丁十一世死于城墙上的近身搏斗中。

帝国还剩下几处断壁残垣，但从本质上来讲，君士坦丁堡的陷落已经终结了东方和更加广阔的地中海世界里的希腊存在——这个存在延续了千年之久。随着拜占庭的覆灭，希腊世界也消失了，而且湮没得无影无踪，以至于在此后的几个世纪中，都很少有人记得它曾经存在过。

结语：希腊的遗产

希腊人是谁？只有在用一整本书的篇幅讲述希腊人失落的帝国之后，我们才能正确地看待这个问题——这也许显得很奇怪。可是，通过本书，我们看到"希腊性"可以用许多不同的方式来加以描述，并且发现究竟谁是"希腊人"，这并非取决于一个人的身份地位，而更多地在于是谁提出这个问题，以及为什么提这个问题。

即便在希腊的史前时期，有关希腊性的问题也颇具争议。希腊的土著居民将多利安人视为擅闯者和入侵者，尽管多利安人坚持认为，作为赫拉克勒斯的后代，他们不仅有权在希腊生活，而且理应占据相当大的一部分。有关多利安人的问题至今尚无定论，有些人种学家提出，他们始终都是原始人口的一部分，而其他人种学家则声称，他们是外来的入侵者，只不过为当地的民族文化所同化而已。（纳粹很欣赏希腊人，尤其是多利安斯巴达人，他们不仅宣称多利安人是入侵者，还说这些入侵者是来自中欧的雅利安人。）

多利安人所引起的悬而未决的种族问题并非唯一一个。亚历山大之前的希腊人很不情愿把希腊人的身份赋予古代马其顿人，如今仍有不少学者顽固地坚持这个态度。而其他学者则利用语言、文化和宗教的相似性来断言，马其顿人和希腊人基本上是同一个种族，虽然有着不同的传统。一个名叫"马其顿"的现代国家的创建使争论变得更加激烈了，尽管现代的马其顿并非当初马其顿王国的一部分，后者实际上位于希腊。

图61 8世纪希腊的酒杯，展示了战士与骏马。战士形状之所以很奇怪，是因为他们拿着中央缩进去的盾牌。

不过，有一件事情是相当确定的，本书则应该令其更加明确，那就是做一名希腊人从不需要真正出生或居住在希腊大陆上。有一大批希腊作家、发明家和哲学家都在希腊大陆之外出生并且度过了人生的大部分时间，他们的希腊性绝不会受到任何人的质疑，无论在古代还是在现代。没有人会觉得荷马、萨福或希罗多德不是希腊人，尽管按照严格的传统来判断，前两位据说来自希腊岛屿，而希罗多德则肯定出生在小亚细亚。阿基米德生于锡拉库扎，毕达哥拉斯的大部分人生都在意大利南部度过，但他们二人始终都是非常地道的希腊人。

无论如何，至少有那么一段时间，马其顿人的希腊性是无可争辩的，因为亚历山大及其继承者们征服了希腊的其余部分。如果这个国家的新统治者们认为马其顿人是希腊人，那么南方的臣民们自然无力反驳。而且，有关希腊人是谁的问题还涉及更广泛的层面。在小亚细亚和中东的希腊化王国里，有各式各样的土著居民，其中有些种族的差异非常大。所有"希腊人"，无论来自马其顿还是南边的地区，都会跟这些土著居民通婚；实际上，从一开始，亚历山大就积极地鼓励这种行为。

那么，在什么情况下，一个没有希腊血统的人便不会被认为是希腊人呢？希腊人非常理智，他们没有选择在遗传方面吹毛求疵，就像现在的美国人判断"白人"和"黑人"的那种办法一样。希腊人采取了今天我们也许会称为"自我认同"的标准。也就是说，如果一个人讲希腊语，跟希腊文化关系紧密，践行希腊的宗教习俗，并且自称希腊人，那么这个人在所有方面就都是希腊人。

这代表了一种跟古典时代不同的思维方式，那时候，希腊城市很不情愿把公民身份给予外地人，因此也不会把"希腊性"赋予外地人。按照这样的观点，一个人成为雅典人的可能性，绝不比狗成为猫的可能性要大。然而，这种想法难以置信地狭隘，因为不仅是外邦人，就连希腊性无可挑剔的希腊人，也无法把自己的公民身份从他们的原始城市改到其他城市。随着希腊化国王在他们新征服的土地上大规模创建新城市（单单亚历山大一人就创建了数十座城市），这个定义迅速地瓦解了。它被不成文地替代为上面所述那种更加开放、更加灵活的做法，以至于出现这样的特例——犹地亚的马加比家族跟"希腊人"交战，可是这些"希腊人"与他们自己一样，完完全全是闪米特人。

在罗马帝国时期，"希腊性"又发生了新的转变。那就是，尽管他们说话和写字都使用希腊语，并以独特的方式实践着立即就能被他们的希腊祖先认出来的宗教仪式，而且就算从遗传学角度来看，他们都是纯种的"原始"希腊人，但是他们却自称"罗马人"。后来，即使罗马本身都成了异国的一部分，拉丁语变成了一种遭到废弃的语言，这个国家跟最初的罗马帝国几乎没有共同之处了，他们也依然这样做。直到拜占庭帝国终结之时，希腊人才再次成为希腊人，然而此刻，他们却已经在政治上彻底地消失了。

希腊的遗产

在君士坦丁堡陷落之后，就连"希腊"这个概念本身都进入了一段默默无闻的时期。希腊大陆的多数地区都为奥斯曼帝国所吞并，那是一个庞大的国家，不仅占据了希腊，而且它的土地还延伸到北方、埃及和地中海南部的大部分海岸。奥斯曼的内陆地区主要是以前的塞琉古王国在叙利亚、伊朗和巴比伦的领土。那些不属于奥斯曼帝国的爱奥尼亚岛屿则被威尼斯共和国掌控，只不过这种掌控还是比较虚弱的。

尽管被归入了奥斯曼帝国，希腊人民却并没有被它吸收。拥有土地的阶级已经基本灭绝了，一个蒸蒸日上的商人阶层却开始取而代之。直到今天，这种情况依然幸存在现代希腊人的创业精神中。但是，许多希腊知识分子都选择了离开奥斯曼帝国，逃往西边，并且尽可能多地携带着艺术、文学和哲学作品。

在奥斯曼帝国之内，希腊文化也留下了它的印记，这就是为什么拜占庭风格的建筑物会出现在遥远的东方，比如阿塞拜疆的巴库，而拜占庭人本身却从未到达过那里。所谓的"土耳其浴"实际上只是罗马浴的一种形式，由拜占庭文化保存并传递给了奥斯曼人

（他们稍微调整了一下"哈曼"[1]，以适应他们的宗教需要）。

雅典的帕特农神庙是一个希腊建筑天赋与艺术美感的标志性结合。因此，把它的命运视为奥斯曼人占领期间希腊独立命运的象征，也许是比较合适的。最初的希腊神庙变成了天主教堂，然后在土耳其人的控制下，又变成了清真寺。在威尼斯人和土耳其人交战期间，这座建筑被用作军械库，也许是因为雅典的奥斯曼卫戍部队相信，西方人不会朝一座有如此巨大价值的建筑开火。但在这一点上，他们错了。不知道有意还是无意，一枚威尼斯的迫击炮弹恰好被扔进了储存在那里的弹药中间。

这是一次毁灭性的爆炸，帕特农神庙四分五裂，屋顶被掀掉，四面墙中的三面被推倒，散落的残骸后来被用作建筑材料，成了雅典卫城的其他构件，包括一座清真寺。而最大的侮辱是，在19世纪初，英国的埃尔金勋爵宣称他得到了苏丹[2]的授权，可以把雕像从神庙的遗址上挪走。因此，幸存雕像中最精美的作品都被带离了雅典卫城，现在成为伦敦大英博物馆的骄傲。其他的帕特农雕塑则可以在别的欧洲博物馆见到，包括罗浮宫，尽管希腊人坚持不懈地试图把它们要回去。

---

[1] 哈曼：hammam，土耳其浴，意为"浴室"或"澡堂"。
[2] 苏丹：sultan，在阿拉伯语中意为"力量""权威""统治"，指在几乎所有方面都具有实际的统治权，却没有自称哈里发的统治者。

图62 宗教艺术是拜占庭文化对现代世界的一大主要贡献。在这个拜占庭帝国后期的祭坛画中，两位中心人物都被巧妙地凸显出来。

在二十个世纪之间，希腊人的文学和哲学也仅仅作为遗失或者散落的文献幸存下来，就像帕特农雕塑存在的方式一样，至于作为一个整体的古典时代的希腊文化，则基本被西方忽略了，尽管文艺复兴时期一些个人的文本又被热情地捡了起来，比如亚里士多德和欧几里得的作品。

希腊文化在西方得以立足的另一个领域是希腊神话，它对画家和雕塑家都有着持续的吸引力。在文艺复兴时期，这个领域史是得到了进一步的发扬。在这一时期的绘画作品中，波提切利的《维纳斯的诞生》和《帕拉斯和半人马》是希腊神话和文艺复兴人文主义结合得极佳的例子。雕塑家们则开始故意模仿希腊风格的艺术，米开朗琪罗的《大卫》便是"古典"流派的杰出代表。

就连希腊诸神也继续以各种各样的方式伪装潜伏下来。比如，我们可以发现女巫的守护女神赫卡忒在莎士比亚的《麦克白》中出现。这些对希腊神祇的改造，最值得注意的可能是森林之神潘作为魔鬼本人的再现——连带着他的羊腿和羊角一起，尽管他似乎在这个过程中多出一柄三叉戟来。

图 63 展示在一具罗马石棺上的丘比特和普赛克的故事。这个故事是罗马对一个古希腊神话的润色，这一情况反映着两种文化的日趋交融。

希腊的再发现

因此，希腊世界的毁灭同时又播撒着复兴的种子。对君士坦丁堡的洗劫意味着希腊雕塑和文献又被带回了西欧，它们在那里依然产生着影响，就像以前被洗劫的希腊人工制品和文献对罗马人产生的影响一样。也就是说，这些希腊文化的化身令它们的新主人睁开眼睛，看到了此前在视觉艺术和哲学方面那些未知的部分。此后不久，希腊难民逃离奥斯曼帝国，抵达西欧，又带来了一束希腊思想和文化的光芒。

这一光芒使得欧洲精英群体的成员开始看清并质疑现状，从而引起了一次知识界的骚动，这种骚动跟其他新生的趋势相结合，最终引发了文艺复兴运动。不过，希腊文化的直接影响比不上希腊人所保存的、此期传送到西方的拉丁文本。希腊文化对西方思想的真正作用必须要等到启蒙运动时期。

希腊本身被奥斯曼土耳其人所征服，通往希腊各地的途径都非常困难且限制重重。总体而言，欧洲其余部分对希腊的了解只能通过古典时代的、以雅典为中心的文献。以此便出现了这样一种近代观点，那就是把"古希腊"等同于"伯里克利时代的雅典"。这种看法基本上持续到了今天，却不利于我们理解下面的这一问题，那就是希腊文化的传播范围远及西欧并且深入中东，既影响了这些地区的人们，也被他们所影响。今天，许多人得知西西里岛的城市文化是希腊的，都会惊讶不已；若说希腊人在尼罗河第二瀑布的附近和喜马拉雅山之阴建立城市，那就更令人目瞪口呆了。

希腊艺术和文化的再发现是点燃文艺复兴的火种之一，而希腊的探索精神则为 18 世纪和 19 世纪启蒙运动的思想提供了动力。这个运动的宗旨是"Sapere aude"，即"勇于求知"，这是一个不折不扣的希腊观点，只是用拉丁语来表示而已。

最好地捕捉到启蒙运动精神的书籍是三十五卷本的《百科全书》，该书出版于法国并在欧洲各地再版，尽管当局有时会强烈反对。"百科全书"本身是一个混合词，翻译者们总是盲目地相信，它是基于希腊语的"通识教育"（实际上，它的意思更接近"全面学习"）。这套《百科全书》不仅传播亚里士多德及苏格拉底以前哲学家们的观点，而且还把诸如亚历山大里亚的希罗等发明家的机械艺术带给了更加广泛的受众。

希腊哲学家的许多观点跟当时宗教权威的观点非常不同。因此，尽管《百科全书》原本仅仅准备成为已经发现的所有知识的集合体，但实际上却成了近代史上最具颠覆性的文本之一。正如马克思的《资本论》为俄国革命奠定了基础一样，许多作家认为《百科全书》为 1789 年的法国革命做好了准备。

希腊再发现的其他例子也很容易找到。在 1782 年，作为法国国家剧院的法兰西喜剧院开设了一个名为奥迪昂的剧院，模仿曾经遍布希腊—罗马世界的相似建筑——在这类艺术殿堂中，已知的第一座是公元前 700 年斯巴达的西阿斯[1]。当然，现在奥迪昂已经散布在全球各地，从温哥华到泰国，而且那里举办的娱乐节目也已变得面目全非了，不过它们依然是戏剧（这是一个希腊词语），其基础则是喜剧（源于希腊语 "komodia"）和悲剧（源于希腊语 "tragodia"）。

在启蒙运动期间，建筑师们重新发现了古典风格。（如前所述，"建筑"也来源于含义相同的希腊词语。）从 16 世纪到 20 世纪，一批希腊主题的建筑在西方世界陆续涌现。其中一个例子是爱尔兰人詹姆斯·霍本在 1790 年设计的帕拉第奥式新古典结构，也就是今天大家所熟知的白宫——在过去的二百年间，每一位美国总统都曾入住这栋建筑。柱子加楣梁的古典建筑风格尤其受到银行、大学、博物馆和政府大楼的青睐，而且今天在每一张五欧元的纸币上都可以看到。

在艺术方面，希腊神话被一些画家以令人难忘的方式重新唤起，比如鲁宾斯便创作了十几幅神话主题的史诗油画；雕塑也发展

---

[1] 西阿斯：Skias，希腊语，意为"遮阳伞"，因其屋顶形似遮阳伞而得名。

出一个"新古典"流派，有诸如安东尼奥·卡诺瓦的《厄洛斯唤醒普绪喀》等作品。了解希腊文学成为英国绅士教育中必不可少的一部分。1784 年，正是在一个专为这类绅士建立的伦敦俱乐部里，一支名为《献给天堂里的阿那克里翁》的曲子发表了。（阿那克里翁是一名公元前 5 世纪的希腊诗人，来自爱琴海的泰奥斯岛，因其饮酒歌而闻名。）如今，这首歌的歌词已很少被人提起，但是旋律却幸存下来，被改编为一首更加广为流传的短歌，名为《星光灿烂的旗帜》[1]。

图 64 这个伊特鲁里亚风格的酒壶来自罗马早期的亚历山大里亚，它展示了已有一千年历史的环地中海经济。

---

[1]《星光灿烂的旗帜》："The Star-spangled Banner"，美国国歌。

　　1821—1829 年的希腊独立战争，使西欧开始发现一个跟古典著作相分离的希腊。诗人们，诸如济慈（著有《希腊古瓮颂》）和拜伦（他是一名热切的亲希腊者），怀着极大的浪漫主义情怀，把古希腊的思想和文学跟眼前的这个国家联系起来。在英国，拜伦以其《她在美中行》等抒情诗而闻名，可是在希腊，无论当时还是现在，他都是一位民族英雄，因为在希腊对抗奥斯曼人的独立战争中，他对希腊一方做出了贡献。尽管拜伦在军事上取得的成就不足挂

图 65　圣母无玷始胎全国朝圣所圣殿，拜占庭古典建筑的一个例子，尽管它实际上是位于华盛顿哥伦比亚特区的一栋现代建筑。

齿，但是他在世界舞台上强调了希腊的事业，并且最终推动了国际社会对希腊作为一个独立国家的承认。正因如此，今天他依然活在希腊，雅典郊区有一处枝繁叶茂的地方叫拜伦纳斯，便是为了纪念他而命名的。

古希腊在现代时期

尽管 19 世纪和 20 世纪初的欧洲人对希腊文化有了相当多的了解，从而生出巨大的钦佩和赞叹之情，可是这个文化中却有一个方面为他们所憎恶，那就是同性恋。同时代的作家们（比如 E. M. 福斯特）还拿古典文学专业的教授们开过玩笑，那些教授不得不告诉学生们要忽略古典文本中"希腊人那不宜提起的恶习"。"希腊之爱"这一表达有时依然被用于描述同性恋，尽管学者们绝望地抗议，指出古希腊的同性恋跟现代的同性恋共同点很少。（实际上，任何沉溺于古典时期最普遍的"希腊之爱"的人，在今天都会立即因虐待儿童而遭到谴责。）然而，无数令维多利亚时期的考古学家大为惊恐的希腊花瓶可以证明，同性成年人之间的性关系在古典时期其实并不罕见。

如果说男同性恋是令人震惊的，那么女同性恋则几乎是不可想象。"女同性恋"一词是 19 世纪的新造词，既传达了对古希腊重新燃起的极大兴趣，又表现了当时对于古希腊某些习俗的反应，倒是颇为巧妙。这个词源于莱斯沃斯的萨福，"萨福主义者"很快就变成了一种委婉语，用来指那些受到其他女人吸引的女人。总体而言，在处理古希腊的性问题时，现代世界显然遇到过不少麻烦，如今也依旧如此。

尽管斯巴达在其存在的大部分时间里都是一个有着严重社会病态的异常国家，但是它却在现代世界找到了许多赞赏者。没有哪个古代国家认为斯巴达的模式适合采用，这包括本书所探讨的更加广泛的希腊世界里那数百个希腊城邦。然而，拉科尼亚情结（对斯巴达的热爱）却对诸如英国公立学校制度和普鲁士哲学等各式各样的事物都有一种不健康的影响。

想想这个令人毛骨悚然的说法吧："斯巴达人之所以能够征服希洛人，只是因为斯巴达的种族优越性。"这句话的作者阿道夫·希特勒进一步提出，德国应该效仿斯巴达人的做法，对能够继续活在一个完美国家里的人数加以限制。

弗里德里希·尼采关于"超人"的论点，还有对秩序井然的日神（阿波罗）态度与更具创意的酒神（狄俄尼索斯）文化之间的对比，都被纳粹加以歪曲，为他们的一些更加可怕的行为提供道德合理性的解释。其实，在塞琉古帝国和托勒密王朝那些富有人文主义精神且极为宽容的希腊人看来，他们的行为也同样是不能容忍的，但令人遗憾的是，古希腊的日神、酒神文化还是被歪曲利用了。

　　同时，非常奇怪的是，西方所认可的古希腊最积极的方面，很可能根本不是起源于古希腊。虽然雅典确实是一种极端民主形式的故乡，但这并非希腊最早的民主（实际上，斯巴达人也许有权获此殊荣），也不是西方后来采取的民主形式。尽管西方的民主颇有希腊的民主色彩，而且正是这种相似性使其获得了体面和尊敬，但它实则源于日耳曼人集会"穆特"的投票实践。何况，事实也正是，没有任何现代国家践行古典时期的希腊民主形式。大多数现代民主跟古希腊民主都有着非常不同的体制，既有更加广泛的公民权（女人可以投票，没有奴隶被排除在外），又有更加限制的授权（希腊投票者可以自己直接投票，而现代投票者必须选出某个人来为他们投票）。

　　希腊思想对现代科学的影响极为明显，可以说无处不在。医学

图 66　阿基米德螺旋抽水机。

术语不是拉丁语便是希腊语，而且在翻译之后听起来就不那么吓人了。（在希腊语中，"巨噬细胞"的意思是"大食量者"，"腹泻"的意思是"流通"，"血友病"的意思是"容易流血"，等等。）19 世纪的发明总是被冠以希腊名字，这就是为什么我们会有诸如电话（"远距离交谈者"）和照片（"灯光涂写"）等词语。这类术语的使用提醒我们，希腊人完全可以宣称自己是世界的首批科学家，因为他们是我们所知道的第一批为了知识本身而系统地追寻知识的人，并且发展出一个严谨的过程，能够从第一原理[1]中独立地得出可证实的观点。

总而言之，亚历山大的帝国可能早就消失了，甚至基本被遗忘了，但是那些曾经生活在这个帝国中的人留下的思想遗产却依然存在。不只是存在于语言、神话和建筑之中，也不只是体现在知识探索的自由思考之中，而且存在于永不停歇的冒险精神里，正是这种冒险精神曾经推动古希腊人远离家乡，前往新的土地。希腊的遗产已经变成了一种基于西方的现代文化的一部分，并与之水乳交融、不可分割。这种文化传播甚广，其覆盖范围就连埃及、伊朗和阿富汗的古希腊人都是难以想象的。

从某种意义上来说，今天我们都是希腊人。

---

[1]　第一原理：first principles，哲学与逻辑名词，是一个最基本的命题或假设，不能被省略或删除，也不能被违反，相当于数学中的公理，最早由亚里士多德提出。

译名对照表

[说明] 原书条目均把关键字放在最前面，如 "Agrigentum, Sicily"，按照中文习惯应译为 "西西里岛阿格里真托"，但为了方便读者检索，特按照原文顺序，将 "阿格里真托" 放在前面，译为 "阿格里真托，西西里岛"。又如 "Ada, Queen of Caria"，并未译为 "卡里亚女王阿妲"，而是译作 "阿妲，卡里亚女王。" 对于中文译名相同的词条，则在括号中注明各自的属性，如 "Antioch" 和 "Antiochus"，其中文译名均为 "安条克"，为方便读者区分，写作 "安条克（城市）" 和 "安条克（国王）"。

阿贝拉（埃尔比勒）　　　　Arbela (Arbil)

阿庇安　　　　　　　　　　Appian

阿波罗　　　　　　　　　　Apollo
　　阿波罗神庙　　　　　　　　temple of

埃尔吉利　　　　　　　Ergili
　　另见"格拉尼克斯"　　*see also* Granicus

埃尔金　　　　　　　　Ergili
　　埃尔金勋爵　　　　　Earl of
　　埃尔金大理石雕　　　Marbles

埃及　　　　　　　　　Egypt

埃迦伊　　　　　　　　Aegae, city

埃利亚（韦利亚）　　　Elea (Velia)

埃利亚学派　　　　　　Elean school

埃美萨（霍姆斯）　　　Emesa (Homs)

埃米利乌斯·保卢斯　　Aemilius Paulus

埃斯库拉庇乌斯　　　　Aesculapius

埃斯库罗斯　　　　　　Aeschylus
　　《乞援人》　　　　　*The Supplicants*

埃托利亚同盟　　　　　Aetolian League

埃伊纳岛　　　　　　　Aegina

艾志纳丁战役　　　　　Ajnadayn, battle of

爱奥尼亚　　　　　　　Ionia

爱琴海　　　　　　　　Aegean Sea

安德拉戈拉斯　　　　　Andragoras

安德罗斯岛海战　　　　Andros, naval battle

赫拉克勒斯	Hercules
赫拉斯（希腊）	Hellas
赫勒斯滂	Hellespont
赫楞	Hellen
赫梯人	Hittites
黑海	Black Sea
黑死病	bubonic plague
恒河	Ganges, river
华盛顿哥伦比亚特区	Washington, DC
华盛顿哥伦比亚特区圣母无玷始胎全国朝圣所圣殿	Basilica of the National Shrine of the Immaculate Conception, Washington, DC
怀疑论学派	Skeptics
霍诺留	Honorius
基督教 　　科普特基督徒	Christianity 　　Coptic Christians
基克拉泽斯群岛	Cyclades Islands
吉萨金字塔	Pyramid at Giza
加尔西顿	Chalcedon
加尔西顿的希罗菲卢斯	Herophilos of Chalcedon
加拉太王国	Galatia, kingdom of

恺撒里昂　　　　　　　　　Caesarion

科尔内利乌斯·菲利克　　　Sulla, Cornelius Felix
斯·苏拉

科拉（乡村腹地）　　　　　*chora* (rural hinterland)

科林斯　　　　　　　　　　Corinth
　　科林斯同盟，见"希　　　　League of *see* Hellenic League
腊联盟"

科斯岛　　　　　　　　　　Cos

科伊勒—叙利亚　　　　　　Coele-Syria

克莱奥梅尼　　　　　　　　Cleomenes

克雷莫尼迪恩战争　　　　　Chremonidian War

克里米亚半岛　　　　　　　Crimea, the

克里斯托弗·哥伦布　　　　Columbus, Christopher

克里特岛　　　　　　　　　Crete
　　克里特米诺斯　　　　　　Minoan Crete

克娄巴特拉　　　　　　　　Cleopatra
　　克娄巴特拉二世　　　　　Cleopatra Ⅱ
　　克娄巴特拉三世　　　　　Cleopatra Ⅲ
　　克娄巴特拉七世，　　　　Cleopatra Ⅶ, lover of Antony
安东尼之情人　　　　　　　sister of Alexander
　　亚历山大大帝之妹　　　　wife of Philip Ⅱ
　　腓力二世之妻

克罗托内　　　　　　　　　Croton

《圣经》　　　　　　　　　*Bible, the*
　　另见"福音书"　　　　　see also "Gospels"

圣索菲亚大教堂　　　　　　Hagia Sophia

圣西里尔　　　　　　　　　St Cyril

胜利者塞琉古　　　　　　　Nicator, Seleucus

十字军东征　　　　　　　　Crusades
　　第一次十字军东征　　　First Crusade
　　第四次十字军东征　　　Fourth Crusade

世俗体　　　　　　　　　　Demotic script

丝绸之路　　　　　　　　　Silk Road, the

斯巴达　　　　　　　　　　Sparta

"斯多葛派"加图　　　　　　Cato the Stoic

"斯多葛派"芝诺　　　　　　Zeno the Stoic

斯多葛哲学　　　　　　　　Stoic philosophy

《斯基里奇斯古抄本》　　　*Skylitzes Codex*

斯特拉博（地理学家）　　　Strabo (geographer)
　　西里尔字母　　　　　　Cyrillic

苏埃托尼乌斯《提比略　　　Suetonius, *Life of Tiberius*
传》

苏格拉底　　　　　　　　　Socrates

苏格拉底以前的哲学家　　　pre-Socratics

乌兹别克斯坦	Uzbekistan
西班牙	Spain
"西哥特人"菲列德根	Fritigern the Visigoth
西塞罗	Cicero
《论共和国》	*De Republica*
《致友人书》	*Epistulae ad Familiares*
西西里岛	Sicily
希波克拉底	Hippocrates
希波战争	Persian Wars
希达斯皮斯河	Hydaspes, river
希俄斯岛	Chios
希拉克略	Heraclius
希腊科伊内语	*Koine* Greek
希腊联盟（科林斯同盟）	Hellenic League (League of Corinth)
希罗	Heron
《反射光学》	*Catoptrica*
希斯克斯（意为"海上民族"）	*Hyskos* (Sea People)
昔兰尼	Cyrene
昔兰尼的卡利马科斯	Kallimachos of Cyrene
昔兰尼加	Cyrenaica

爪哇岛	Java
"征服非洲者" 西庇阿（大西庇阿）	Scipio, Africanus
中国	China
宙斯	Zeus
奥林匹亚宙斯巨像	Statue of Zeus, Olympia
朱莉娅，奥古斯都之女	Julia, daughter of Augustus

图片来源

作者和出版者希望向提供本书插图的以下单位、个人和著作表示感谢：

威尼斯美术学院画廊

布雷斯特艺术博物馆

马德里国家图书馆

伦敦大英博物馆

G. J. 法德尼

美国陆军（公共领域）麦克·菲尼少校

沃尔泰拉瓜尔纳奇博物馆

华盛顿哥伦比亚特区美国国会图书馆卡洛·M. 海史密斯档案馆（印刷品及照片分部）

洛杉矶保罗·盖蒂博物馆

艾伯特·克雷奇默和卡洛·罗尔巴克《从原始时期到19世

纪所有国家的服饰——展示各个阶级的衣着与习惯》（伦敦，1882
年）——照片来自纽约市立图书馆和洛杉矶郡艺术博物馆

大都会博物馆

那不勒斯国家考古博物馆

伦敦国家美术馆

罗马国立罗马博物馆

阮兰（玛丽）

哥本哈根新嘉士伯美术馆

奈杰尔·波拉德

波茨坦无忧宫

赫尔曼·蒂尔施《法罗斯、古代伊斯兰教与西方——对建筑史
的一大贡献》（莱比锡与柏林，1909 年）

梵蒂冈博物馆

巴尔的摩沃尔特斯艺术博物馆

杰基·惠伦

参考文献

Alcock, S., *Graecia Capta: The Landscapes of Roman Greece* (Cambridge, 1993)

Allen, James P., 'Language, Scripts and Literature', in *A Companion to Ancient Egypt,* ed. Alan B. Lloyd (Oxford and Malden, ma, 2010), vol. II, pp. 641–662

—, *Middle Egyptian: An Introduction to the Language and Culture of Hieroglyphs,* 3rd edn (Cambridge, 2014)

Andersen, Casper, 'The Philae Controversy: Muscular Modernization and Paternalistic Preservation', in Beth Baron, *Egypt as a Woman: Nationalism, Gender, and Politics* (Cairo, 2005)

Bar-Kochva, B., *The Seleucid Army: Organization and Tactics in the Great Campaigns* (Cambridge, 1979)

Beard, M., and J. Henderson, *Classical Art: From Greece to Rome* (Oxford, 2001)

Bilde, P., ed., *Religion and Religious Practice in the Seleucid Kingdom* (Aarhus, 1990)

Bispham, Ed, Tom Harrison and B. Sparkes, *The Edinburgh Companion to Ancient Greece and Rome* (Edinburgh, 2006)

Boardman, John, 'Aspects of "Colonization"', *Bulletin of the American Schools of Oriental Research*, CCCXXII (May 2001), pp. 33–42

Burstein, S. M., *The Hellenistic Age from the Battle of Ipsos to the Death of Kleopatra VII*, Translated Documents of Greece and Rome 3 (Cambridge, 1985)

Chaniotis, Angelos, *War in the Hellenistic World: A Social and Cultural History* (Oxford, 2005)

Crosher, Judith, *Technology in the Time of Ancient Greece* (Austin, TX, 1998)

Demand, N. H., *Urban Relocation in Archaic and Classical Greece* (London, 1990)

Eddy, S., *The King Is Dead: Studies in the Near Eastern Resistance to Hellenism, 334–31 BC* (Lincoln, NE, 1961)

Finley, M., *The World of Odysseus* (London, 1962)

Foss, Clive, and Paul Magdalino, *Rome and Byzantium: The Making of the Past* (New York, 1977)

Fowler, B. H., *Archaic Greek Poetry* (Madison, WI, and London, 1992)

Fränkel, H., *Early Greek Poetry and Philosophy* (London, 1975)

Green, Peter, *Alexander to Actium: The Historical Evolution of the Hellenistic Age* (Berkeley, CA, 1990)

Griffin, Jasper, 'The Social Function of Attic Tragedy', *Classical Quarterly*, XLVIII (1998), pp. 39–61

Hadas, Moses, 'Hellenistic Literature', *Dumbarton Oaks Papers,* XVII (1963), pp. 21, 23–35

Haldon, John, *The Empire that Would Not Die: The Paradox of Eastern Roman Survival*, 640–740 (Cambridge, MA, 2016)

Hardy, D. A., ed., *Thera and the Aegean World* III (London, 1990)

Hazzard, R. A., *Imagination of a Monarchy: Studies in Ptolemaic Propaganda* (Toronto, 2000)

Holt, F. L., *Thundering Zeus: The Making of Hellenistic Bactria* (Berkeley, CA, 1999)

Hurwit, Jeffrey, *The Art and Culture of Early Greece*, 1100–480 BC (New York, 1987)

Jeffery, L. H., *Archaic Greece: The City States,* c. 700–500 BC (London, 1976)

Jenkins, Romilly J. H., 'The Hellenistic Origins of Byzantine Literature', *Dumbarton Oaks Papers,* XVII (1963), pp. 37, 39–52

Jones, A.H.M., 'The Hellenistic Age', *Past and Present,* XVII (April 1964), pp. 3–22

Kaegi, Walter, *Byzantium and the Early Islamic Conquests* (Cambridge, 1995)

Kaldellis, Anthony, *Hellenism in Byzantium: The Transformations of Greek Identity and the Reception of the Classical Tradition* (Cambridge, 2008)

Levi, Peter, *Atlas of the Greek World* (Oxford, 2000)

Lindenlauf, Astrid, 'The Sea as a Place of No Return in Ancient Greece', *World Archaeology,* XXXV/3 (2003), pp. 416–33

Maas, Michael, ed., *The Cambridge Companion to the Age of Justinian* (Cambridge, 2005)

Macurdy, G. H., *Hellenistic Queens: A Study of Woman-power in Macedonia, Seleucid, Syria, and Ptolemaic Egypt* (Baltimore, MD, 1932)

Momigliano, A., Alien Wisdom: *The Limits of Hellenization* (Cambridge, 1975)

Morris, C. D., 'The Relation of a Greek Colony to Its Mother City', *American Journal of Philology,* V/4 (1884), pp. 47–87

Neer, R., *Art and Archaeology of the Greek World: A New History, 2500 BC–150 BC* (London, 2012)

Osborne, Robin, Classical Landscape with Figures (London, 1987)

—, *Greece in the Making* (London, 1996)

Podlecki, A. J., *The Early Greek Poets and Their Times* (Vancouver, 1984)

Pollitt, J. J., *Art in the Hellenistic Age* (Cambridge, 1986)

Preziosi, Donald, and Louise A. Hitchcock, *Aegean Art and Architecture* (Oxford, 1999)

Rostovtzeff, Michael, 'The Hellenistic World and Its Economic Development', *American Historical Review,* XLI/2 (January 1936), pp. 231–252

—, *The Social and Economic History of the Hellenistic World,* 2nd edn (Oxford, 1951)

Samons, L., ed., *The Cambridge Companion to the Age of Pericles* (Cambridge, 2007)

Sherwin-White, S., and A. Kuhrt, *From Samarkhand to Sardis: A New Approach to the Seleucid Empire* (London, 1993)

Shipley, Graham, *The Greek World after Alexander, 323–30 BC* (London, 2000)

Silk, M. S., *Aristophanes and the Definition of Comedy* (Oxford, 2000)

Smith, R.R.R., *Hellenistic Sculpture* (London, 1991)

Snodgrass, A., *Archaic Greece: The Age of Experiment* (Berkeley, CA, 1980)

Starr, Chester G., *The Economic and Social Growth of Early Greece, 800–500 BC* (Oxford, 1977)

Strauss, Barry, *The Trojan War: A New History* (New York, 2006)

Taub, L. C., *Ptolemy's Universe* (Chicago, IL, 1993)

Thomas, R., *Herodotus in Context: Ethnography, Science, and the Art of Persuasion* (Cambridge, 2000)

Tritle, L., *The Greek World in the 4th Century: From the Fall of the Athenian Empire to the Successors of Alexander* (London, 1997)

Vermeule, Emily, *Greece in the Bronze Age* (London, 1972)

Walbank, Frank W., et al., eds, *The Cambridge Ancient History VII pt. 1: The Hellenistic World,* 2nd edn (Cambridge, 1984)

—, *The Hellenistic World,* revd edn (Cambridge, MA, 1993)

White, Mary E., 'Greek Colonization', *Journal of Economic History,* XXI/4 (December 1961), pp. 443–454

Whitmarsh, T., *Greek Literature and the Roman Empire: The Politics of Imitation* (Oxford, 2001)